Selbstvertrauen gewinnen & Selbstzweifel besiegen

Inhaltsverzeichnis

Selbstvertrauen & Selbstbewusstsein lernen

Stell dir vor, du könntest gelassen und voller Selbstvertrauen auf fremde Menschen und neue Herausforderungen zugehen, ohne dich oder deine Fähigkeiten in Frage zu stellen. Stell dir vor, nichts könnte dich aus der Ruhe bringen, du wärst stets zuversichtlich, selbstbewusst und vollkommen gelassen. Wäre das nicht fantastisch?

Auch wenn du noch nicht das gewünschte Selbstvertrauen oder Selbstbewusstsein hast – du kannst es lernen.

Selbstvertrauen kann man lernen.

Wir alle haben unsere ganz persönlichen Lebensprüfungen, die es zu meistern gilt. Wir müssen lernen, uns selbst zu lieben. Wir müssen uns kennen und verstehen lernen. Wir müssen einiges akzeptieren, das wir nicht verändern können. Wir alle haben eine Vergangenheit – Erfahrungen, die uns geprägt haben und uns immer wieder einmal die Hoffnung genommen haben. Wir haben zahlreiche Fehler gemacht, des Öfteren verloren und sind gescheitert. Wir vergleichen uns mit anderen Menschen und fühlen uns klein und minderwertig. Somit schwindet das Selbstvertrauen Stück für Stück.

Leben bedeutet Wachstum.

Leben bedeutet Lernen.

Leben bedeutet aufstehen, wenn wir hinfallen.

Selbstvertrauen & Selbstbewusstsein lernen

Stell dir vor, du könntest gelassen und voller Selbstvertrauen auf fremde Menschen und neue Herausforderungen zugehen, ohne dich oder deine Fähigkeiten in Frage zu stellen. Stell dir vor, nichts könnte dich aus der Ruhe bringen, du wärst stets zuversichtlich, selbstbewusst und vollkommen gelassen. Wäre das nicht fantastisch?

Auch wenn du noch nicht das gewünschte Selbstvertrauen oder Selbstbewusstsein hast – du kannst es lernen.

Selbstvertrauen kann man lernen.

Wir alle haben unsere ganz persönlichen Lebensprüfungen, die es zu meistern gilt. Wir müssen lernen, uns selbst zu lieben. Wir müssen uns kennen und verstehen lernen. Wir müssen einiges akzeptieren, das wir nicht verändern können. Wir alle haben eine Vergangenheit – Erfahrungen, die uns geprägt haben und uns immer wieder einmal die Hoffnung genommen haben. Wir haben zahlreiche Fehler gemacht, des Öfteren verloren und sind gescheitert. Wir vergleichen uns mit anderen Menschen und fühlen uns klein und minderwertig. Somit schwindet das Selbstvertrauen Stück für Stück.

Leben bedeutet Wachstum.

Leben bedeutet Lernen.

Leben bedeutet aufstehen, wenn wir hinfallen.

Wie entstehen Selbstzweifel?

Der Grund für Selbstzweifel und den innerlichen Kritiker ist in jungen Jahren zu finden – in der Kindheit. Wenn uns Erwachsene ständig auf unsere Fehler hinweisen, diese immer wieder in den Mittelpunkt stellen, uns wieder und wieder darauf aufmerksam machen oder gar bestrafen, dann sinkt das Selbstvertrauen und das Selbstbewusstsein. Im Gegensatz dazu werden die Dinge, die gut gemacht wurden, wenig beachtet. Wir haben nicht gelernt, gelobt zu werden, wenn etwas gut läuft. Wie sollen wir auch stolz auf uns sein, wenn wir nicht gelernt haben, dass andere stolz auf uns sind? Die Selbstzweifel steigen, das Selbstbewusstsein sinkt. Natürlich werden auch wir immer die möglichen Fehler sehen, das Versagen, die möglichen, schrecklichen Konsequenzen – so wie wir es gelernt haben.

> Selbstzweifel entstehen in der Kindheit.

Durch das Modell-Lernen (Lernen durch Beobachtung) haben wir dann gelernt, wie wir zu uns selbst sprechen. Aussagen wie: „Das schaffst du eh nicht", „Du taugst zu nichts", „Von dir habe ich nichts anderes erwartet", „Du hast 2 linke Hände", „Du bist stinkfaul", „Für dich gibt es niemals einen Deckel", oder „Mit dir kann man sich nur ärgern" fressen sich tief hinein und werden in den eigenen Gedanken und im Verhalten immer wieder zu Tage gebracht. Natürlich sinkt dadurch das Selbstvertrauen, das Selbstbewusstsein ist am Tiefpunkt.

Übung:

- Überlege, welche Aussagen haben meine Eltern oft getätigt?
- Wo finden sich diese Aussagen jetzt in meinem Leben?
- Haben sie nach wie vor Gültigkeit?

Hast/Leiste was, dann bist du was
erst die Arbeit, dann das Vergnügen
Schuster bleib bei deinen Leisten

diese Glaubensätze haben sich tief in
mir verinnerlicht und ich halte sie
weitestgehend immer noch ein.

Eigentlich haben sie keine Gültigkeit mehr,
denn ich bin
1. in der Lage mir meine Arbeit
einzuteilen.
2. ich auch was, ohne dauert
was zu leisten
3. ich in der lage über mich hinaus
zu wachsen und neue Dinge aus-
zuprobieren.

Was ist Selbstvertrauen?

Selbstvertrauen ist das Vertrauen in die eigene Stärke und in die eigenen Fähigkeiten. Vertrauen in sich selbst zu haben, herausfordernde Situationen meistern zu können und zu wissen, die nötigen Fähigkeiten und Kenntnisse zur Bewältigung zu haben, das ist Selbstvertrauen. Selbstvertrauen ist das Vertrauen in dich selbst.

Selbstvertrauen ist das Vertrauen in einen selbst.

Was ist Selbstbewusstsein?

Wie das Wort schon sagt, bedeutet selbstbewusst zu sein, sich seiner selbst bewusst zu sein. Wir kennen unsere Schwächen und Stärken – wenn uns jemand darauf anspricht, überrascht es uns nicht, da wir diese kennen. Aber nicht nur, dass wir uns selbst gut kennen, sondern auch stolz darauf sein können, mit erhobenem Kopf hinter den eigenen Fehlern und Schwächen zu stehen, das ist Selbstbewusstsein. Selbstbewusst zu sein heißt, unerschütterlichen Glauben zu haben, dass keine Aussage oder kein Hindernis uns aufhalten oder von unserem Weg abbringen kann. Selbstbewusstsein bedeutet, dass dein Selbstwertgefühl und deine Liebe zu dir selbst sich nicht verändern, auch, wenn etwas schief läuft, dich jemand kritisiert oder du etwas nicht kannst.

Selbstbewusstsein beschreibt die Überzeugung von den eigenen Fähigkeiten und dem eigenen Wert.

Sind Selbstvertrauen und Selbstbewusstsein dasselbe?

Die Begriffe Selbstvertrauen und Selbstbewusstsein werden zwar synonym verwendet und sind auch in hohem Grad miteinander verwandt, jedoch gibt es wichtige Unterschiede.

Selbstbewusstsein

Selbstbewusstsein blickt auf die Gegenwart und kennt die eigenen Stärken, Schwächen und Grenzen – selbstbewusste Menschen sind sich deren „bewusst".

Selbstbewusstsein: „Ich kann gut Klavier spielen"

Selbstvertrauen

Selbstvertrauen richtet den Blick nach vorne in die Zukunft und versetzt uns in die Lage, diese Grenzen zu überwinden. Durch Zuversicht und den Glauben an uns selbst, zeigt sich das Selbstvertrauen.

Selbstvertrauen: „Ich werde gut Klavier spielen"

Wie entsteht Selbstvertrauen?

Wenn wir Selbstvertrauen gewinnen wollen, dürfen wir den Worten des inneren Kritikers keinen Glauben schenken. Zweifel sind normal, Fehler sind menschlich – wir sind Menschen, wir machen Fehler, wir sind nicht perfekt. Dennoch gibt es keinen Grund, warum wir uns schlecht fühlen und uns selbst das Leben unnötig schwer machen sollten.

Wir dürfen den Worten des inneren Kritikers nicht glauben.

Selbstvertrauen gewinnen wir, wenn wir positive Erfahrungen machen. Selbstbewusst werden wir, wenn wir glauben, gut in Mathematik zu sein, einen Mathetest schreiben und dann den Beweis dafür haben: die gute Note. Selbstvertrauen entsteht, wenn wir glauben, gut Klavier spielen zu können und uns andere Menschen in unserem Glauben bestätigen.

Umso öfter sich das wiederholt, umso eher schenken wir unseren Gedanken „Ich bin gut in ..., Ich kann ..., Ich bin ..." Glauben. Wir glauben an uns selbst, sammeln Beweise, sind schlussendlich felsenfest davon überzeugt und können selbstsicher alle weiteren Aufgaben lösen und Herausforderungen bestehen.

Positive Gedanken sind der erste Schritt zu mehr Selbstbewusstsein.

Offenheit, Neugier, Akzeptanz und Wertschätzung für sich selbst, sowie alle Fehler und Schwächen sind hierbei essentiell.

Da manche Menschen nicht von den Eltern gelernt bekommen haben, sich selbst zu schätzen, zu lieben und zu loben, müssen wir uns das nun selbst beibringen. Jeder von uns muss sein eigener Cheerleader sein, die eigene liebevolle Mutter, die einem immer wieder gut zuspricht, der Vater, der einem stolz auf die Schulter klopft, das eigene feiernde Publikum am Rockkonzert, sein eigener Fan.

Es ist menschlich, dass wir gemocht, akzeptiert und unsere Talente anerkannt sehen wollen, das sicherte in der Steinzeit das Überleben. Wenn wir jedoch unseren Wert immer von anderen Menschen abhängig machen, dann führt dies unweigerlich zu einer Achterbahnfahrt der Gefühle und wir sind ein Fähnchen im Wind, welches immer wieder in eine andere Richtung geweht wird, ohne Rückhalt und Sicherheit.

Selbstvertrauen entsteht, wenn wir glauben etwas zu können und in unserem Glauben bestätigt werden.

Es ist an der Zeit, nicht mehr den eigenen Selbstwert und das eigene Selbstbewusstsein von anderen abhängig zu machen – warte nicht auf das Lob anderer, auf deren Bestätigung – gib sie dir selbst, du hast es verdient!

Urängste als Selbstbewusstseins-Killer

2 Urängste sind maßgeblich für starke Nervosität, Ängste, mangelndes Selbstvertrauen und Selbstbewusstsein verantwortlich:

- Die Angst, zu versagen
- Die Angst, abgelehnt zu werden

Diese 2 Ängste hat jeder Mensch, sie sind angeboren und begleiten uns seit der Steinzeit. Wenn wir nicht von der Gruppe akzeptiert worden sind, abgelehnt wurden, versagten, dann standen unsere Überlebenschancen schlecht. Denn Arbeitsteilung hat uns das Leben erleichtert – Beeren sammeln, Mammuts jagen, Kinder versorgen, das Feuer bewachen ... Ein Fehler hätte den Tod bedeuten können, sowie den Ausschluss aus der Gruppe.

Heutzutage ist dies eine irrelevante Angst – denn, wenn wir nicht gemocht werden, können wir jederzeit andere Orte und Menschen aufsuchen, die uns ähnlicher sind, uns besser verstehen, und vor allem nicht kritisieren, sondern uns wertzuschätzen wissen.

Diese Menschen existieren, auch diese Orte, an denen du dich wohlfühlst, existieren. Vielleicht hast du sie nur noch nicht gefunden.

Selbstbewusst sind wir in einer Umgebung, in der wir uns gut und verstanden fühlen.

Nicht jede Situation ist das, nicht jede Situation war von Anfang an so. Du hast dich diesen Situationen gestellt, sie erfahren, positiv abgespeichert und nicht mehr als neuartig oder gefährlich gesehen.

Selbstvertrauen hast du in Situationen, die du gut kennst, die du oft erfahren und positiv bewältigt hast.

In der heutigen Zeit bedeutet nicht gemocht zu werden oder zu versagen nicht den Tod – es ist lediglich etwas unangenehm, weil wir unsere eigenen Erwartungen nicht erfüllen, weil wir uns mit anderen vergleichen, weil wir ein schwarz-weiß Denken (es gibt nur perfekt oder extrem schlecht) an den Tag legen oder uns selbst für alles verantwortlich machen und die Schuld geben (Er mag mich nicht – „Ich bin falsch"; Negative Note – „Ich bin dumm"). Natürlich sind diese Worte nicht förderlich für das eigene Selbstbewusstsein.

Nicht wir selbst sind falsch, ungenügend oder haben nicht ausreichende Fähigkeiten. Wir sind, wer wir sind: Menschen auf ihrem Lebensweg, die alle nur ein glückliches, zufriedenes Leben führen wollen. Jeder einzelne Mensch möchte seine Aufgaben erledigen (so gut und richtig als möglich), keine Fehler machen (diese halten auf und bedeuten Rückschritt) und gemocht werden (Lob anderer tut unserer Seele und Selbstbewusstsein gut) und dazugehören. Wir wollen uns bedeutsam und wichtig fühlen.

Wir wollen das Gefühl haben, einen Platz in dieser Welt zu haben, in etwas gut zu sein und hiermit sinnvolle Arbeit oder Hilfe leisten zu können.

Wir alle wollen Selbstbewusstsein und Selbstvertrauen spüren. Wir alle hegen diese Wünsche in uns, deshalb sollten wir uns öfters gegenseitig bestärken und loben, und im Gegenzug weniger kritisieren und beschimpfen. Denn was haben wir davon? Das Resultat ist, dass sich Menschen schlecht fühlen und den Glauben an sich selbst verlieren.

<u>Übung:</u>

- Was wäre das Schlimmste, was passieren könnte, wenn ich abgelehnt werde/ versage? Das alle schlecht über mich reden und ich allein bin
- Wie schlimm ist es auf einer Skala von 1 – 10? 6
- Tut es weh? Ist es gefährlich? nein
- Ist die Angst hilfreich? nein
- Was würde helfen? Zu wissen, daß ich auf jeden Fall die Familie hinter mir habe

Wir können Fehler nicht vermeiden – wir können aber einen anderen Umgang damit finden.

Kritik wird es immer geben – Fehler sind nicht vermeidbar. Das ist das Leben. Wir können nicht lernen, wie diese zu vermeiden sind, wir können aber lernen, wie wir damit umgehen, damit es uns dabei gut geht. Wir können lernen, trotz Fehlern und Rückschlägen selbstbewusst zu sein und unser Selbstvertrauen nicht zu verlieren.

Übungen für mehr Selbstvertrauen

Habe Geduld, Lernen ist ein Prozess. Nur wer nichts tut, kann keine Fehler machen, wird sich aber auch nicht von der Stelle bewegen. Der, der mutig ist, wagt (auch zu scheitern), ist derjenige, der sich bewegt, vorankommt, siegt, lernt und vor Selbstvertrauen nur so strotzt.

So bekommst du Selbstvertrauen und besiegst deine Selbstzweifel!

Die folgenden Übungen helfen dir dabei, selbstbewusst zu werden, selbstsicher aufzutreten und alle Selbstzweifel über Bord zu werfen. Probiere alle Übungen für mehr Selbstvertrauen aus, finde deine ultimativen Selbstvertrauens-Quellen und setze diese regelmäßig in deinem Alltag ein. Du wirst sehen, dein Selbstvertrauen wird wachsen!

1. Akzeptiere deine Ängste

Die Angst zu versagen oder abgelehnt zu werden, ist normal. Wir alle haben Ängste und diese sind bis zu einem gewissen Grad auch gut. Denn Angst macht uns konzentriert, aufmerksam und liefert uns Energie. Wenn du spät abends in der Dunkelheit durch die Straßen gehst, merkst du, wie deine Sinne besser funktionieren. Deine Pupillen weiten sich, damit du nichts übersiehst. Dein Gehör wird besser, damit du nichts überhörst. Deine Muskeln spannen sich an, um maximale Energie zu haben, falls sich eine bedrohliche Situation ergibt. Dein Körper bereitet sich vor, eine mögliche Bedrohung zu bekämpfen. Diese Reaktion des Körpers ist sinnvoll und wichtig.

Wenn du keine Angst hättest, zu sterben, würdest du keine Angst vor Feuer, Höhe oder spitzen Gegenständen haben. Das ist der angeborenen Überlebenswille, der durch Angst gekennzeichnet ist.

Hast du schon einmal Hausaufgaben in letzter Minute gemacht? Für einen Test am Vortag große Mengen an Information gelernt und dann bestanden? Dann siehst du, was du in der Lage bist zu leisten, wenn sich Angst zeigt. Ohne dem Stress, ohne der Stressenergie, wäre das nicht möglich gewesen. Wärst du entspannt und gelassen gewesen, hätte dir die Energie gefehlt, um Bestleistungen zu bringen.

Angst ist angeboren, wichtig und liefert dir Energie, um Bestleistungen zu bringen.

Angst ist gut, Angst gehört zum Leben dazu. Angst möchte dir helfen, dir etwas zeigen, wie zum Beispiel wachsam zu sein, aufzupassen, vorsichtig zu sein und liefert dir Energie, alles Bevorstehende zu meistern. Diese Energie solltest du schätzen und nutzen!

Übung:

- Was möchte dir die Angst sagen? Achtung, konzentriere dich
- Wo spürst du die Angst im Körper? im Magen
- Ist diese Angst berechtigt? teils, teils
- Was ist das Positive an der Angst? Sie hilft mir Situationen bewusst zu erleben
- Wie kannst du die Angst, sowie deine Körperreaktionen, für dich nutzen?

  ich kann mich gut vorbereiten

2. Kenne deine Stärken

Wenn wir uns selbst vertrauen sollen, müssen wir wissen, was wir können, wobei wir stark sind und Selbstbewusstsein ausstrahlen können. Sehr oft konzentrieren wir uns auf das, was schlecht läuft, was wir nicht können, was fehlt – das ist sehr schade, denn jeder hat neben seinen Schwächen auch Stärken. Stärken, die dich von anderen unterscheiden, die dich besonders machen – besonders stark!

Übung:

Setze dich hin, nimm einen Zettel und Stift zur Hand und schreibe mindestens 15 Dinge auf, die du gut kannst: Egal ob es zuhören, Zeichnen, räumliches Denken, Laufen, Witze erzählen, Gefühle kontrollieren, dich begeistern, Andere motivieren, Empathie oder Menschenkenntnis ist.

- Was kann ich gut?
- Wofür werde ich oft gelobt?
- Wofür würde ich mich selbst buchen/anstellen?
- Warum habe ich es verdient, gelobt zu werden?

Du kannst auch gute Eigenschaften von dir notieren; diese gehören auch zu deinen Stärken, die du gekonnt einsetzen kannst. Bist du hilfsbereit, ehrlich, neugierig, offen, sportlich, herzlich, leidenschaftlich, zielstrebig? Notiere deine persönlichen Charaktereigenschaften und staune, wie gut sich das aufs Papier gebracht anfühlt. Dein Selbstbewusstsein wird innerhalb weniger Sekunden steigen.

3. Setze deine Stärken ein

Schritt 2, nachdem du deine Stärken notiert hast, ist es, diese einzusetzen. Du musst diese kennen, um sie danach einsetzen zu können, um darin besser zu werden und noch stärker und selbstbewusster auftreten zu können. Erst wenn du diese bewusst einsetzt, wahrnimmst und Erfolgserlebnisse hast, die dich in deinem Glauben bestätigen, wirst du wahrhaftiges Selbstvertrauen und Selbstbewusstsein gewinnen.

Übung:

- Wo kann ich diese Stärken einsetzen?
- Wo setze ich diese bereits ein?
- Wo kann ich meine Stärken noch einsetzen?
- Wie kann ich meine Stärken ausbauen?

Notiere dir zu jeder Stärke, wo du diese einsetzen kannst. Konzentriere dich auf 3-5 Stück und versuche, täglich mindestens eine davon einzusetzen. Reflektiere abends: Welche Stärken hast du eingesetzt? Was hast du gut gemacht? Warum? Warum nicht? Lobe dich, sei stolz drauf und überlege dir, wo du das nächste Mal diese Stärke oder gute Eigenschaft wieder einsetzen kannst. Somit erlangst du Selbstvertrauen, welches dir Vertrauen in dich selbst und deine Zukunft geben wird.

4. Kenne deine Schwächen

Selbstbewusstsein, also sich seiner selbst bewusst zu sein, umfasst nicht nur die eigenen Stärken, sondern auch die eigenen Schwächen. Zu wissen, was man nicht gut kann, und dies auch zu akzeptieren und als Teil seiner Persönlichkeit anzunehmen, ist die Kunst, die es zu lernen gilt. Menschen haben Stärken und Schwächen, sie sind nicht perfekt, machen Fehler, werden kritisiert und haben unterschiedliche Talente in die Wiege gelegt bekommen. Du jedoch bist einzigartig, niemand hat genau deine Eigenschaften, deine Erfahrungen und Learnings gemacht. Für manche ist das, was dir leicht fällt, eine Qual. Deine Herausforderung ist für andere spielerisch leicht. Und das ist gut so!

Übung:

Schreibe deine Schwächen und negativen Eigenschaften auf.

- Was fällt mir schwer?
- Wo bin ich nicht gut?
- Wer könnte mir bei diesen Themen helfen?
- Wer hat meine Schwäche als Stärke?

5. Finde das Positive an deinen Schwächen

Wir brauchen Menschen, die sozial sind, empathisch, gute Zuhörer und auf das Wohlbefinden achten – auch wenn eine mögliche Schwäche das „Nein-Sagen" ist, welches sie plagt. Wir brauchen genauso Menschen, die extrovertiert, offen, begeisterungsfähig und redegewandt sind, auch wenn diese vielleicht chaotisch sind und zu schnell übers Ziel hinausschießen. Wir brauchen Menschen, die Struktur und Ordnung lieben, zahlenaffin sind, auch wenn diesen Menschen Veränderung schwerfällt und Gewohnheitstiere mit Ängsten sein können. Jeder findet seinen Platz im Leben, mit den richtigen Menschen, die einen schätzen, im richtigen Job, bei dem die Stärken ausgelebt werden können.

Du bist einzigartig – mit all deinen Stärken und Schwächen!

Jede gute Eigenschaft hat eine Schattenseite. Jede Schattenseite hat auch eine Sonnenseite. Das Eine kann ohne dem Anderen nicht existieren. Welche Eigenschaften du davon siehst, oder auch sehen möchtest, kannst nur du alleine steuern. Auch wenn die positiven Seiten nicht offensichtlich sind, sind sie dennoch zu finden. Konzentriere dich darauf und dein Selbstvertrauen wird deutlich steigen.

Faulheit: Die Fähigkeit, sich dem Leistungsstreben zu entziehen.

Egoismus: Die Fähigkeit, auf sich und seine Bedürfnisse zu achten.

Naivität: Die vorbildliche Fähigkeit, immer an das Gute im Menschen zu glauben und dies zu suchen.

Unpünktlichkeit: Die Fähigkeit, das Leben zu leben und sich nicht nach einer Uhr zu richten.

Ärger: Die Möglichkeit, Disziplin, Nächstenliebe und Eigenliebe zu üben.

Autopanne: Die Chance, einmal durchzuschnaufen, nachzudenken und für Dinge dankbar zu sein, die man als selbstverständlich wahrgenommen hat.

Eifersucht: Der Beweis, wie stark die Zuneigung zu einer Person ist und wie wertvoll diese dein Leben macht.

Fehler: Eine großartige Übung, um besser zu werden und Neues zu lernen.

Zurückweisung: Ein möglicher Problemfaktor weniger.

Wer sucht, der findet. Wer das Positive sucht, der findet es auch. Dies ist keine gottgegebene Gabe, es ist eine erlernbare Fähigkeit, welche du trainieren kannst und schon im Vorhinein, wenn dein innerer Kritiker sich zu Wort melden möchte, „abfedern" kannst.

Übung:

- Wie kann ich Charaktereigenschaften positiv umformulieren?
- Was ist das Positive an meinen Schwächen?

6. Erkenne Blinde Flecken

Selbstbewusstsein heißt, sich seiner selbst bewusst zu sein. Da wir von uns selbst oft ein verzerrtes Bild haben, welches nicht der Realität entspricht, kann folgende Übung helfen:

Blinde Flecken sind dir nicht bewusste Eigenschaften.

Übung:

Wähle 5 Menschen aus. Diese sollen folgende Fragen schriftlich über dich beantworten:

- Was kann ich gut?
- Was mag ich an mir?
- (optional: Was sind meine möglichen Schwächen?)

Manchmal glauben wir selbst, nicht lustig, nicht kommunikativ, nicht kreativ, nicht geduldig zu sein, aber andere nehmen uns dennoch so wahr. Unsere eigene Vorstellung über uns selbst entspricht oft nicht dem, was Andere wahrnehmen. Einerseits kannst du durch diese Übung viele neue, gute Eigenschaften und Talente erkennen, andererseits kannst du mögliche kognitive Verzerrungen (Fehlannahmen, verzerrte Bilder) über Bord werfen und dich davon nicht weiter belasten lassen. Denn diese schmälern nur dein Selbstbewusstsein und Selbstvertrauen – und das vollkommen zu Unrecht.

Eine Klientin von mir meinte zum Beispiel, dass sie keine gute Freundin sei. Alle ihre Freundinnen, sowie die eigenen Eltern, haben alle auf den Zettel geschrieben, dass sie eine wahnsinnig gute Zuhörerin ist, immer für ihre Mitmenschen da, verlässlich, hilfsbereit, und dass sie ungewöhnlich schnell neue Freunde findet. Für die Klientin war das zuerst unglaubwürdig. Nachdem wir die Bedeutung der Wörter, die die einzelnen Personen verwendet haben, in ihre persönliche Sprache übersetzt haben, sah auch sie diese Stärken plötzlich in sich.

Wenn wir selbstbewusst sein wollen, müssen wir unsere Schwächen kennen und akzeptieren.

Um mehr Selbstbewusstsein und Selbstvertrauen zu bekommen, müssen wir auch unsere Schwächen und schlechten Eigenschaften kennen. Denn diese dürfen uns nicht aus der Bahn werfen oder uns überraschen, wenn wir ihnen begegnen. Deshalb ist es vorteilhaft, wenn wir stark genug sind, auch die negativen Eigenschaften und Schwächen von verschiedenen Personen benennen zu lassen. Jedoch würde ich dies immer in Kombination mit dem Aufschreiben von Stärken verbinden, da mögliche negative Punkte in Isolation dargestellt, sehr schmerzhaft und demütigend sein können.

Du wirst sehen, wie du nach dieser Übung wachsen wirst, dein Selbstbewusstsein steigt und dein Selbstvertrauen in dein Zukunfts-Ich stärker wird.

Der Mensch hat 3 Gesichter. Das Erste offenbarst du der Welt. Das Zweite zeigst du nur deinen Vertrauten, deiner Familie und Freunden. Das Dritte kennt außer dir niemand. Dieses ist das wahrste Abbild deiner selbst.

7. Gewinne Erkenntnisse über dich

Alles, was schwer für dich war, schmerzte, anstrengend war, dich ängstigte – all dies war es, was dich wachsen ließ, dich stark machte, dich zu dieser Person geformt hat, die du jetzt bist. Weißt du, wie Diamanten erzeugt werden? Das beste Olivenöl? Mit Druck – der Stein verwandelt sich erst nach kräftezehrenden Strapazen in einen wertvollen Diamanten. Oliven werden extrem eingeengt und zerdrückt, um das beste und edelste Öl hervorzubringen.

Deine härtesten Prüfungen des Lebens machen dich stark, lassen dich lernen und verwandeln dich in einen wertvollen Diamanten. Schätze diese Ereignisse, jede unangenehme Erfahrung. Es sind Zeichen des Wachstums, des Muts und der Stärke. Es ist das Gefühl, welches dich zu mehr Selbstachtung, Selbstvertrauen und Selbstbewusstsein führt. Vorausgesetzt, du kannst das Positive darin sehen, für dein Wachstum und deine Erkenntnisse für dein weiteres Leben.

Übung:

Überlege dir, was deine herausforderndsten Situationen im Leben waren.

- Was habe ich dabei gelernt?
- Wie bin ich dadurch gewachsen?
- Warum war diese Erfahrung wichtig?

8. Sei mutig und stelle dich deinen Ängsten

Weil wir eben genau dann wachsen, wenn es schwer ist, wir Druck empfinden, Angst haben, nervös oder traurig sind, müssen wir uns in Situationen begeben, die uns nicht leichtfallen. Denn nur so können wir die Angst ablegen und lernen, dass der Großteil unserer Ängste und Sorgen niemals eintreten wird. Lernen, dass alles halb so schlimm ist. Lernen, eine Angst zu besiegen, um größer und stärker daraus hervorzugehen.

Menschen mögen mich nicht? Ich werde ausgelacht. Ich kann keine Präsentationen halten! Warum – stimmt das überhaupt?

Übung:

- Wovor habe ich Angst? Was fällt mir schwer?
- In welche Situationen kann mich begeben, um dies zu lernen/zu überwinden?
- Was ist das Schlimmste, das passieren könnte?
- Wie wahrscheinlich ist das?
- Was könnte im besten Fall passieren?

9. Verwende die Fragetechnik

Sehr oft spielt uns unser Kopf einen Streich. Wir sagen uns, dass wir versagen werden, etwas nicht schaffen, nicht gut genug sind. Wir glauben, dass die Herausforderung zu groß ist, das Hindernis unüberwindbar, die Angst unbesiegbar groß, die Bedrohung zu nahe und unabwendbar. Zum Großteil ist das aber falsch. Unser Gehirn, vor allem das eines Kritikers, fokussiert das Worst-Case-Szenario, welches im schlimmsten Fall passieren könnte. Zu 99 % tritt dieses aber niemals ein.

Übung:

Die Sorgen, die ich mir in letzter Zeit gemacht habe, waren ...

- ... wichtig? ___ %
- ... unwichtig? ___ %
- ... sind nie eingetroffen? ___ %

Verteile Prozentzahlen, sodass am Ende 100 % herauskommen.

99 % der Sorgen sind unnötig, treffen nie ein oder sind unwichtig.

Nun geht es darum, unseren Kopf zu trainieren, um nicht in diesem Worst-Case-Szenario hängen zu bleiben, realistischer und optimistischer an Herausforderungen heranzugehen oder gar zu lernen, nicht zu viel darüber nachzudenken und einfach zu machen, zu fühlen und zu erleben – wertfrei.

Eine sehr wirkvolle Fragetechnik, die hilft, unrealistische und belastende Gedanken zu vertreiben und dein Selbstvertrauen zurückzuerobern, ist diese:

Übung:

Formuliere deinen Angstgedanken in einen Satz, z. B. „Ich kann das nicht", „Ich bin nicht gut genug", „Alle werden lachen", „Ich habe Angst vor …". Sprich ihn aus oder schreibe ihn nieder. Fühlst du, wie sich deine Stimmung durch diese Worte negativ beeinflussen lässt? Stelle dir dann folgende Fragen:

- Ist dieser Gedanke zu 100 % wahr?
- Warum, warum nicht? (Nenne mindestens 3 Gründe)
- Wie lautet ein alternativer, hilfreicher Gedanke?

Mit dieser Fragetechnik lieferst du dir selbst die Gründe für dein „fehlerhaftes" Denken, das dich klein macht, dir Energie raubt und dich schlecht fühlen lässt. Gleichzeitig stellst du fest, dass der Gedanke nicht wahr ist und findest alternative, hilfreiche Gedanken, die dich stark, mutig und gut fühlen lassen, wie z. B. „Ich kann das", „Ich gebe mein Bestes", „ICH muss mich mögen", „Ich bin gut so, wie ich bin", „Ich bin stark".

Deine Gedanken werden zu Worten. Deine Worte lassen dich fühlen.

Deine Gefühle lassen dich handeln.

Möchtest du selbstbewusst und voller Selbstvertrauen agieren, starte mit deinen positiven Gedanken, verwandle sie in Worte und fühle die Signale deines Körpers und zu welchen Handlungen sie dich verleiten!

10. Formuliere neue Glaubenssätze

Wenn du alternative, hilfreiche Gedanken gefunden hast, dann sage dir diese regelmäßig vor. Wenn du dich immer wieder mit diesen positiv formulierten Sätzen beschäftigst, werden sich diese manifestieren und in deinem Kopf festsetzen, bis sie automatisch in den angsteinflößenden Situationen hervorkommen, in denen dein Selbstvertrauen diese bitter nötig hat.

Glaubenssätze haben wir alle. Sätze, die für uns die Welt erklären und unseren Glauben ausdrücken. Ob es Sätze sind wie „Menschen sind unehrlich" – „Menschen machen das Leben lebenswert", „Kinder sind lästig" – „Kinder sind ein Gottesgeschenk", „Das Leben ist unfair" – „Das Leben ist voller Chancen", „Fehler sind schlecht" – „Fehler sind Lernchancen". Wir haben festgefahrene, erlernte Glaubenssätze zu allen Themen, ob es Ernährung ist, die Lebensweise, Sauberkeit, Menschen, Schule, Kleidung ... und auch über uns. Wir glauben zu wissen, was und wer wir sind und was nicht.

Wenn diese Glaubenssätze uns zurückhalten und nicht hilfreich für das eigene Selbstvertrauen sind, dann ist es an der Zeit, sie zu ändern! Denn die richtigen Glaubenssätze über dich und das Leben machen dich selbstbewusst.

Neue Glaubenssätze verankerst du, indem du dir zu deinen Herausforderungen passende, neue Glaubenssätze notierst. Diese solltest du dir tagtäglich vor Augen führen.

Du kannst sie täglich lesen (auch mehrmals), du kannst diese jeden Abend niederschreiben oder dir aufsprechen und anhören. Innerhalb weniger Minuten wird sich deine Gefühlslage positiv verändern. Nach 1-2 Wochen wirst du sichtlich entspannter, selbstbewusster und mutiger sein.

Übung:

Schreibe dir 5-10 Glaubenssätze auf. Schreibe diese täglich 1 x ab oder sprich sie dir vor.

Glaubenssätze helfen, einen anderen Blick auf die Welt zu bekommen, auf dich und dein Leben. Nutze dies!

Auf der nächsten Seite findest du Beispiele für Glaubenssätze, die dich zu mehr Selbstvertrauen und Selbstbewusstsein bringen.

Affirmationen für mehr Selbstvertrauen

Ich bin stark.

Nichts kann mich aufhalten.

Ich liebe mein Leben.

Meine Meinung ist wichtig.

Ich erlaube mir, loszulassen.

Ich bin dankbar, auf dieser Welt zu sein.

Jeder neue Tag ist eine neue Chance.

Das Leben hat noch so viel Gutes mit mir vor.

Ich werde jeden Tag stärker, besser und mutiger.

Ich akzeptiere mich mit all meinen Fehlern.

Jeder Fehler ist eine Lernchance und bringt mich voran.

Ich vergebe mir selbst und allen anderen.

Alles Negative prallt an mir ab.

Ich vertraue dem Universum.

Ich werde meinen Weg finden.

Ich gehe auf Menschen selbstbewusst zu.

Menschen mögen mich und schätzen meine Anwesenheit.

Es gelingt mir jeden Tag besser, die positiven Dinge zu sehen.

Ich kann alles schaffen, was ich will.

Ich glaube an mich.

11. Mach die Superman-Pose

Wie sehen selbstbewusste Menschen aus? Wie sehen schüchterne Menschen aus? Stelle es dir bildlich vor.

Du wirst merken, dass selbstbewusste Menschen eine andere Körperhaltung an den Tag legen. Je nachdem wie du dich fühlst, wird es dein Körper den anderen zeigen. Lässt du den Kopf und die Schultern hängen, versteckst dein Gesicht, wackelst unruhig mit den Zehen umher, dann werden das andere sehen und manche vielleicht sogar ausnutzen.

Stell dir vor, zwei Schüler sitzen vor dir. Der erste Schüler wirkt selbstbewusst, mit geradem Rücken und direktem Blickkontakt. Der Zweite sitzt mit hochgezogenen Schultern unruhig vor dir und meidet jeglichen Augenkontakt. Wer glaubst du, hat mehr gelernt? Wer zeigt mehr Selbstvertrauen? Wer ist für dich selbstbewusster? Auch wenn beide gleich viel wissen, würde Schüler Nummer 1 eine bessere Note bekommen, da wir ihm unterbewusst durch seine Körpersprache und sein Selbstvertrauen mehr zutrauen– denn er traut es sich das auch zu.

Deine Gedanken beeinflussen deinen Körper, dein Körper beeinflusst dein Denken.

Du kannst deine Körperhaltung absichtlich verändern und dich dadurch besser, stärker und selbstbewusster fühlen. Denn wenn du weißt, wie diese (deine) Körperhaltung auf andere wirkt, kannst du den Effekt nutzen, um als selbstbewusst wahrgenommen zu werden und Selbstvertrauen auszustrahlen.

Übung:

Stelle dich vor einen Spiegel. Ziehe die Schultern nach oben und fest nach hinten, sodass du deine Rückenmuskeln spürst. Gesäß anspannen, gerader Rücken, Kopf hoch. Nun stemme deine Arme in die Seite, lächle – mache die Superman-Pose. Stell dir vor, dein Cape flattert im Wind, du blickst über die Dächer und spürst deine Superkräfte in jeder Faser deines Körpers. Du bist stark, ein Held, unbesiegbar! Übe diese so oft es geht, immer, wenn du bei einem Spiegel vorbeikommst.

Du wirst sehen, wenn du diese Haltung immer öfters einnimmst, wird dir auffallen, wie groß du auf einmal wirkst, wie viel Raum du einnimmst und das auch gerne tust. Du wirst anders wahrgenommen werden und vor allem wirst du dich anders fühlen: selbstbewusst, stark und voller Selbstvertrauen.

12. Nimm dem Versagen die Bedeutung

Fehler, Versagen, Ablehnung – all das ist nicht schlimm. Es ist normal, menschlich und wird immer wieder vorkommen. Aber wie wichtig ist das wirklich? Wie bedeutsam ist dieser Fehler in 5 Jahren? Wie wichtig ist eine Note in 10 Jahren? Erinnerst du dich noch an deine Zeugnisnoten? Hat dies dein Leben beeinflusst? Wenn du einen Korb von einem Menschen bekommst oder auch Kritik – ist das wirklich wichtig für dein weiteres Leben? Verändert es dein Leben in den nächsten 5 Jahren?

Worum geht es wirklich im Leben?

Die Antwortet lautet meist: Nein, es ist unbedeutsam, unwichtig und hat keinerlei Einfluss auf deine Zukunft. Und genauso solltest du es sehen und auch fühlen. Es sollte dir egal sein, gleichgültig und dich nicht weiter aufhalten. Und schon gar nicht sollte es dein Selbstvertrauen und Selbstbewusstsein beeinflussen.

Übung:

- Wie wichtig ist es in 5 Jahren?
- Wie wichtig ist es in 10 Jahren?
- Hat/Wird es dein Leben verändern?
- Wie hätte es noch schlimmer ausgehen können?
- Worum geht es im Leben wirklich?
- Was möchtest du am Lebensende zu dir selbst sagen?

Dein innerer Kritiker kann somit dein Selbstvertrauen nicht angreifen, dein Selbstbewusstsein bleibt erhalten.

Ich habe nicht versagt.

Ich habe nur 10.000 Wege gefunden, wie es nicht geht.

- Thomas A. Edison beim Erfinden der Glühbirne

13. Übe dich im Fehlermachen

Fehler sind nicht schlimm, sie zeigen uns nur einen Weg auf, der nicht funktioniert und lassen uns lernen. Du brauchtest hunderte Versuche, bis du im zarten Kindesalter endlich gehen konntest. Du hast es immer wieder versucht, bist hingefallen und wieder aufgestanden. Stell dir vor, du hättest aufgegeben, weil es nicht gleich geklappt hat. Du hättest niemals laufen gelernt. So war es auch beim Sprechen. Die ersten Worte waren unverständlich. Kinder lassen sich aber nicht von Fehlern aufhalten. Sie haben nämlich noch nicht gelernt, dass Fehler schlecht sind und gesellschaftlich nicht akzeptiert sind. Sie sind neugierig, offen und voller Entdeckerdrang. Sie entdecken die Sprache, das Turmbauen, Purzelbäume und vieles mehr. Angst vor Fehlern ist nicht vorhanden. Sie wollen die Welt entdecken und verstehen. Wenn sie einen Turm bauen und dieser umfällt, konzentrieren sie sich nicht auf den Fehler, sie wollen herausfinden, warum das passiert ist und bauen den Turm nochmal, und nochmal – bis sich der Ärmel als Übeltäter herausstellt.

Wir alle sollten uns, wenn es um das Fehlermachen geht, an Kindern ein Beispiel nehmen. Einfach machen, daraus lernen, entdecken und neugierig sein.

Fehlermachen kann man auch üben. Man kann üben, Fehler als etwas Gutes und Hilfreiches zu sehen.

Dies funktioniert einerseits mit Glaubenssätzen („Fehler sind eine Lernchance“, „Jeder Fehler führt mich näher an mein Ziel“), aber auch mit gezieltem Fehler-mach-Training.

Denn Fehler sind nur schlimm, wenn wir diese nicht erwarten, als schlecht ansehen und unserem Versagen zuschreiben. Der innere Kritiker möchte keine Fehler zulassen. Er möchte keine Angriffsfläche für die Kritik anderer Menschen bieten. Wenn wir Fehler aber bewusst machen, dann sind diese nicht schlimm. Dann sehen wir, das kein Fehler an sich schlimm ist oder wichtig genug, um uns das Selbstvertrauen zu rauben. Stattdessen lernen wir unsere Bewertung von Fehlern, unsere Einstellung ihnen gegenüber, zu verändern.

Übung:

Male einen Strich, ohne Hilfsmittel, nur mit deiner Hand. Der Strich soll so gerade wie möglich sein. Du hast 3 Versuche, um einen perfekten, ebenmäßigen, geraden Strich zu zeichnen. Bemühe dich und stell dir vor, dass dieser von anderen Menschen benotet werden wird.

- Wie viel Spaß hat mir diese Übung gemacht? (Skala 1- 5)
- Wie sehr haben mich meine Fehler gestört? (Skala 1- 5)
- Wie habe ich mich bei diesen Aufgaben gefühlt?
- Welche Gedanken gingen mir durch den Kopf?

Nun zeichne einen nicht perfekten Strich.

Er soll nicht gerade sein und nicht perfekt. Mache absichtlich so viele Fehler wie möglich.

- Wie viel Spaß hat mir diese Übung gemacht? (Skala 1- 5)
- Wie sehr haben mich meine Fehler gestört? (Skala 1- 5)
- Wie habe ich mich bei diesen Aufgaben gefühlt?
- Welche Gedanken gingen mir durch den Kopf?

Fehler verlieren durch Absicht die Wichtigkeit und Schwere, die in ihnen liegt. Somit beweist uns das, dass es nicht an der Tätigkeit selbst liegt, dass wir uns schlecht fühlen, sondern daran, was wir dabei denken. Deshalb müssen wir einen anderen Umgang mit Fehlern erlernen - ein perfektes Leben ohne Fehler existiert nicht.

Genau dieselbe Übung könnten wir nun beim Zeichnen einer Giraffe machen, beim Malen eines Hauses, eines perfekten Dreiecks oder beim Basteln eines Servietten-Schwans, beim Zielen in einen Mülleimer oder beim perfekten Wenden eines Pfannkuchens.

Plötzlich, wenn wir bewusst Fehler machen und darauf achten, nicht perfekt zu sein, verlieren Fehler ihre Bedeutung. Fehler stören uns nicht, wenn wir sie absichtlich machen. Fehler sind für uns negativ, weil sie aufgrund der Angst vor der Bewertung anderer entstehen. Wenn wir absichtlich etwas falsch machen, nimmt die Absicht vorab jeglicher Kritik den Wind aus den Segeln.

14. Sprich und denke gut über dich

Wie wir bereits gehört haben, müssen vor allem wir selbst uns das Lob, die Liebe und Anerkennung geben, welche wir von unseren Eltern vermisst haben. Wir müssen uns selbst lieben und schätzen – in jeder Situation, mit all unseren Stärken, aber auch Schwächen.

Sehr oft schleichen sich negative, bewertende und stark urteilende Gedanken in unseren Kopf. Wir machen uns selbst klein, kritisieren uns, beschimpfen uns sogar, weil wir nicht perfekt sind. Das muss aufhören – sofort! Denn was bringt es einem selbst, außer, dass man sich schlecht fühlt und unser Selbstbewusstsein schwindet? Nichts!

Eltern sehen in Kindern das, was sie sein können und nicht, wo sie aktuell sind.

„Wie blöd ich nur bin", „Ich bin viel zu ängstlich dafür", „Ich werde niemals stark und selbstbewusst sein" - Würdest du mit deinem Freund so sprechen? Mit deinem Kind? Was würde einer Freundin in dieser Situation gut tun? Was würdest du zu deinem Kind sagen, wenn es mal versagt? Würdest du ihm auch das Selbstvertrauen rauben wollen und das Selbstbewusstsein willentlich zerstören? Oder würdest du deinem Freund oder Kind gut zu reden, sie aufmuntern und alles in die Wege leiten, um die Person aufzuheitern?

Übung:

- Was würde ich in dieser Situation zu einem Freund/meinem Kind sagen?
- Wie würde ich versuchen, meinen Freund/mein Kind aufzuheitern?
- Was brauche ich in dieser Situation? Was tut mir gut?

15. Streiche das Wort „muss“

Achte auf deine Gedanken, denn sie werden zu Worten.

Achte auf deine Worte, denn sie werden zu Handlungen.

Achte auf deine Handlungen, denn sie werden zu Gewohnheiten.

Achte auf deine Gewohnheiten, denn sie werden zu Charaktereigenschaften.

Achte auf deine Charaktereigenschaften, denn sie werden dein Schicksal.

Bewusst den eigenen Selbstgesprächen zu lauschen und auf die Wortwahl zu achten, bringt dich einen Schritt weiter. Du siehst, wie liebevoll du mit dir umgehst oder wie streng. Vor allem verwendet der innere Kritiker gerne das Wort „muss“. „Ich muss das schaffen“, „Ich muss das gut machen“, „Ich muss ...“

Das Wort „müssen“ beschreibt eine Pflicht, die nur einen möglichen Ausgang akzeptiert. Alles andere wäre dann sozusagen verboten, nicht richtig, falsch. Das wiederum erzeugt Druck. Es gibt nur Schwarz oder Weiß, Gewinnen oder Versagen – dazwischen ist nichts. Genau das ist aber ein grundlegender Denkfehler!

Denn in den meisten Fällen befinden wir uns genau dazwischen - Perfekt oder komplett daneben sind wir in den seltensten Fällen. Meistens befinden wir uns innerhalb eines breiten Spektrums zwischen diesen beiden Extrempolen.

Andere Gedanken führen zu anderen Gefühlen und Taten.

Es hilft, das Wort „muss" zu streichen und zu ersetzen. Zum Beispiel könntest du „Ich will ...", „Ich möchte ...", „Ich darf ..." anstelle des strikten Modalverbs „müssen" verwenden. Eine andere Wortwahl reicht aus, um den Sinn des Satzes zu verändern und auch deine Gefühle dazu. Versuche es!

Übung:

Schreibe die Worte des inneren Kritikers auf.

- Was sagt der innere Kritiker zu dir?
- Wie fühlen sich diese Worte an?

Ersetze das Wort „müssen" durch „sollen", „dürfen" und „wollen".

- Wie fühlen sich die Worte des inneren Kritikers nun an?

16. Setze dir Ziele und erreiche sie

Um zu sehen und zu spüren, dass du stärker wirst und dir selbst vertrauen kannst (Selbstvertrauen bekommst), musst du dir Ziele setzen und diese auch erreichen. Nur wer sich Ziele setzt, kann diese erreichen und daran wachsen.

Ziele geben den Weg vor, sie geben dir Motivation und nach Erreichung mehr Selbstbewusstsein. Wenn du dir keine Ziele setzt, kannst du folglich auch nichts erreichen und nimmst dir selbst die Möglichkeit, das wunderbare Gefühl des Erfolgs auszukosten. Stelle dich dem Risiko zu scheitern, lerne den Umgang damit und fühle den Stolz, wenn du diese erfolgreich meisterst. Gib dir zumindest die Chance, Ziele zu erreichen: Wenn du dich aus Angst vor dem Versagen nicht traust, dann kannst du nicht anders, als deine Ziele zu verfehlen und dich als nicht „stark" und „wissend" genug zu fühlen. Wenn du Ziele nicht setzt, weil du Angst hast, beweist du dir vorab, dass du es nicht schaffen wirst.

Wenn du siehst, dass du das, was du dir vornimmst, erreichst, fängst du an, an dich zu glauben.

<u>Übung:</u>

Setze dir jeden Tag ein Ziel und erreiche es. Sei stolz auf dich!

- Was möchtest du heute erreichen?
- Was sind deine Ziele für diese Woche/Monat?
- Welche großen Lebensziele hast du?

- Wie wirst du dich fühlen, wenn du diese erreicht hast? Stell es dir vor!

Ein mögliches Ziel könnte sein, jemanden lange in die Augen zu sehen, die Superman-Pose zu machen, jeden Tag 3 Highlights zu finden, sich jeden Tag etwas Gutes zu tun, jeden Tag sich selbst 1 x zu loben, jeden Tag sich im Smalltalk üben und verbessern, jemanden anzulächeln, jeden Tag 10 Minuten lesen oder Klavier spielen üben. Du kannst dir vornehmen, 1 Woche lang zuckerfrei zu leben, 1 Minute lang kalt zu duschen oder ein Vogelhaus zu basteln. Längerfristige Ziele können eine gute Partnerschaft, das Gründen einer Familie, Gesundheit, Länder zu bereisen oder stetig zu wachsen und Wissen zu erlangen sein.

Starte mit Zielen, die du „leichter" erreichen kannst, um dir den Mut zusprechen zu können und dein Selbstvertrauen zu stärken. Mit der Zeit wirst du immer mehr an dich glauben und du wirst immer größere Ziel erreichen.

Wenn du siehst, dass du das, was du dir vornimmst, auch erreichen kannst, fängst du an, an dich selbst zu glauben. Du wirst nicht nur die Ergebnisse sehen und fühlen, du wirst auch innerlich wachsen, selbstbewusster werden und Selbstvertrauen in deinem Glauben an dich selbst finden.

Ohne Aktion, keine Resultate.

Ohne Einsatz, kein Gewinn.

17. Liebe dich und belohne dich

Gut über dich zu denken und zu sprechen steht ganz am Anfang, wenn es um Selbstvertrauen und Selbstbewusstsein geht. Dennoch sollte das Ganze visuell auf eine höhere Ebene gehoben werden. Dies kannst du, indem du dich regelmäßig belohnst, deine Erfolge wahrlich feierst, zelebrierst und somit noch mehr Selbstbewusstsein gewinnen kannst. Alles, was gut läuft, gehört nicht nur ausgesprochen oder aufgeschrieben, es gehört mit einer passenden Handlung, also einer Belohnung, verstärkt. Ob es ein entspannendes Bad ist, oder dir etwas zu kaufen, was du dir schon länger gewünscht hast, vielleicht auch eine neue Hose, ein gutes Essen, eine Massage, eine Stunde Freizeit, deine Lieblingsserie, ein gemütlicher Abend mit Freunden, ein Glas Wein oder ein Stück Schokolade.

Übung:

- Wie kannst du dich belohnen?

Mache dir eine Liste mit Aktivitäten und Dingen, die dir gut tun, mit denen du dich belohnen könntest.

Sei stolz auf dich, belohne dich, liebe dich.

Sowie es auch bei Hunden, Katzen und Kindern funktioniert, wirkt Konditionierung auch bei dir. Mut, Stärke, Willenskraft, gute Handlungen und positives Verhalten wird belohnt. Dieses Wissen wird abgespeichert und der Wunsch nach Wiederholung entsteht ganz automatisch.

Wenn du dich selbst für selbstbewusste, mutige Handlungen belohnst oder das Durcharbeiten der Selbstvertrauens-Übungen in diesem Buch, wirst du nicht nur dein Ziel erreichen, Spaß haben und wachsen, du wirst auch automatisch positive Gewohnheiten entwickeln.

Das Leben ist da, um zu genießen, um Spaß zu haben, zu leben und zu lieben – vor allem DICH zu lieben, immer, bedingungslos. Eigentlich hast du es jeden Tag verdient, das zu tun, was du möchtest, dir das zu geben, was du brauchst.

Jeder Tag, den du gesund aufwachst, ist ein Grund zu feiern und dich zu belohnen. Auch das müssen einige lernen, vor allem die sehr kritischen, perfektionistischen Charaktere. Du hast jede Belohnung verdient, zu jeder Zeit, immer!

Liebe dich selbst – bedingungslos.

18. Mache Erfolge sichtbar

Evolutionär bedingt bleiben schlechte Erfahrungen eher in Erinnerung als Gute. Damit wir dieselben Fehler, welche unser Leben gefährden könnten, nicht 2-mal machen (rote Herdplatte = heiß = Schmerz; merken wir uns), müssen wir bewusst unsere Aufmerksamkeit auf das Gute lenken.

Sehr oft vergessen wir, was uns alles Gutes an einem Tag passiert ist, was wir geschafft haben, welche Erfolge wir erzielen konnten, was wir gelernt haben und wo wir Glück hatten. Denn das sind die Ereignisse, die uns Selbstvertrauen in uns selbst und unser Leben geben.

Übung:

- Was habe ich heute gut gemacht?
- Was habe ich gelernt?
- Welche 3 guten Dinge sind mir heute passiert?

Versuche eine Zeit lang täglich abends vor dem Schlafengehen den Tag Revue passieren zu lassen und das Positive herauszusuchen. Dies kann nur ein leckeres Essen gewesen sein, dass du einer Dame über die Straße geholfen hast, ein lustiger Witz, ein nettes Wort eines Kollegen, eine erledigte Aufgabe, eine neue Erkenntnis oder ein schönes Gespräch. Tagtäglich passieren gute Dinge, tagtäglich lernst du Neues, tagtäglich wächst du, erledigst Aufgaben, kommst voran und wirst stärker.

Jeder Tag auf dieser Erde lässt dich mehr über dich und das Leben erfahren, somit wirst du dir selbst bewusster (Selbstbewusstsein) und manifestierst deine Zukunft immer genauer (Selbstvertrauen).

Sicherlich hast du bemerkt, dass Menschen im hohen Alter kaum Selbstzweifel zeigen. Die Lebenserfahrung machte sie stark. Dein Leben - jeder einzelne Tag - macht auch dich stärker, selbstbewusster und gelassener.

Übung:

Gestalte dir eine Box, Dose oder Schachtel. Immer, wenn dir etwas Gutes passiert, du etwas gut kannst, dir etwas Freude bereitet hat, du stark oder mutig warst, du eine schöne Erinnerung nicht vergessen willst – schreibe es auf einen Zettel und werfe es in die Box. Am Jahresende – oder wenn du starke Selbstzweifel hast oder unzufrieden bist – öffne sie.

Du wirst sehen, was dir in so kurzer Zeit (nicht mal 1 Jahr) alles Gutes widerfahren ist. Nun hast du es aber schriftlich, kannst dich daran festhalten und Selbstbewusstsein gewinnen. Mache deinen Fortschritt sichtbar und jederzeit greifbar, somit wird dein Selbstvertrauen einen gewaltigen Schub bekommen, und zwar dann, wann du ihn benötigst – du musst nur deine Box öffnen.

19. Ernte Glück, indem du Glück verteilst

Selbstvertrauen und Selbstbewusstsein entstehen vor allem in jungen Jahren durch das Lob der eigenen Eltern. Auch später erlernen wir dies durch die Bestätigung von außen, von anderen Menschen.

Jeder mit einer gesunden Portion Selbstvertrauen ist wesentlich glücklicher, gesünder und ein angenehmerer Zeitgenosse. Wir können anderen und gleichzeitig uns selbst helfen, wenn wir mehr positive Worte in die Welt hinaustragen. Einfach mal jemanden loben, ein Kompliment machen und nette Worte, zeitgleich mit guter Laune, einem anderen Menschen schenken. Deine Stimmung verbessert sich. Du bist glücklich und dein Gegenüber auch. Ein positiver Effekt, der weitergetragen werden kann, der dich stärkt und auch dem anderen Menschen Selbstbewusstsein geben wird.

Da Menschen, die glücklich sind, gerne geben und es auch menschlich ist, etwas zurückgeben zu wollen, um das Gleichgewicht zu wahren, wirst du sehr wahrscheinlich ein Kompliment zurückkommen. Das wiederum stärkt auch dein Selbstvertrauen und Selbstbewusstsein.

Nach der Zeit wirst du merken, wie positiv Menschen auf dich reagieren und wie du selbst immer mehr Worte der Anerkennung und Wertschätzung zurückbekommen wirst. Dies lässt dein Selbstvertrauen und Selbstbewusstsein stetig wachsen.

Übung:

- Mache täglich 1 Kompliment!
- Wem könntest du ein Kompliment machen/etwas Gutes tun?

Sei ein Vorbild. Lege selbst den Fokus auf die positiven Dinge und erwähne diese. Konzentriere dich nicht auf das Negative, denn dies findet man immer, wenn man es nur finden möchte.

Man findet immer Fehler, wenn man sie sucht.

20. Setze ein Gewinner-Lächeln auf

Jeder wird gerne angelächelt. Wenn jemand lacht, wissen wir, dass alles gut ist und keine Gefahr droht. Wir sehen selbst gerne in lächelnde Gesichter, denn das beruhigt uns und bringt auch uns zum Lachen. Versuche doch mal in ein lachendes Gesicht zu sehen und selbst nicht zu grinsen – ganz schön schwer.

Lächeln macht glücklich.

Wenn du selbst lachst, sogar, wenn du dich dazu zwingst, werden Glückshormone ausgeschüttet, die nicht nur beruhigend wirken, sondern auch aktivierend und dein Selbstvertrauen beeinflussen. Du fühlst dich schlagartig ruhiger, bist munterer und fühlst eine angenehme Wärme in dir.

Plötzlich sieht die Welt auch ganz anders aus, einfach nur, weil du lachst, weil dein Körper Glückshormone produziert. Also, lächle dich an. Lache so oft es geht am Tag! Finde überall, in jeder Tätigkeit, die Freude und nimm jede Herausforderung mit einem Gewinnerlächeln an. Lächle anderen, sowie dir selbst, immer mit einem selbstbewussten, strahlenden Lächeln entgegen.

Übung:

- Wie fühlst du dich (Skala 1-10)?
- Schau dich in den Spiegel und lächle dich 1 Minute lang an. Wie fühlst du dich nun (Skala 1-10)?

21. Putze dich heraus

Sicherlich kennst du das Gefühl – du kaufst dir neue Kleidungsstücke und fühlst dich wie neugeboren, schön, stark und selbstbewusst. Nicht die neue Kleidung ist dafür verantwortlich, sondern wie du dich siehst. Es gibt Tage, da sehen wir in den Spiegel und mögen nicht, was wir sehen. An anderen Tagen finden wir uns schön und begehrenswert. Und das, obwohl immer dieselbe Person vor uns steht.

Wenn wir einen Freund vor uns haben, sehen wir immer dieselbe wunderschöne Person. Die störenden Kleinigkeiten, die der Person selbst auffallen, sehen wir nicht. Denn sie sind auch nur Kleinigkeiten, die niemand anderem außer der Person selbst auffallen. Nur wenn wir wieder den Fokus darauf legen, was uns stört und nicht gefällt, werden wir das als erstes sehen, wahrnehmen und fühlen.

Sich gut und selbstbewusst zu fühlen, schaffen wir mit der richtigen Kleidung. Wenn wir Kleidungsstücke tragen, die uns schmeicheln und iin denen wir uns hübsch fühlen, dann strahlen wir das auch aus.

Vor allem bei Frauen hat das eine gewaltige Wirkung – mit hohen Schuhen ist man einen Kopf größer, hat eine weiblichere Figur, einen selbstbewussten Gang und fühlt sich zugleich auch innerlich stärker und schöner. Auch bei einem Mann kann ein schickes Hemd, ein Anzug oder neue Schuhe das Auftreten und die Ausstrahlung schlagartig ändern.

Übung:

Trage Kleidung, in der du dich wohlfühlst. Auch eine Shoppingtour kann helfen, um zu neuem Selbstbewusstsein zu gelangen und deinen gefühlten Selbstwert zu steigern.

- Wie selbstbewusst fühlst du dich gerade (Skala 1-10)?
- In welcher Kleidung fühlst du dich wohl?

Ziehe diese Kleidung an und betrachte dich selbst im Spiegel.

- Wie selbstbewusst fühlst du dich jetzt (Skala 1-10)?

22. Übe dich im Blickkontakt

Da die Angst, abgelehnt zu werden, zu den sozialen Phobien gehört und hauptsächlich für geringes Selbstbewusstsein verantwortlich ist, gilt es diese zu besiegen. Wir müssen uns unseren Ängsten stellen, neue Erfahrungen mit den angsteinflößenden Situationen machen, um die schrecklichen Szenarien zu vertreiben und sie durch schöne, neue Erlebnisse austauschen zu können.

Das bedeutet, wenn wir Angst haben, von Menschen abgelehnt zu werden, müssen wir uns der Gegenwart anderer Menschen solange aussetzen, bis wir genügend positive Erfahrungen gesammelt haben, um diese Angst ablegen zu können.

Übung:

Versuche, so oft es geht, solange wie möglich Blickkontakt zu halten. Stelle dir selbst eine Challenge. Starte mit 3 Sekunden und steigere dich auf 5, 6, 7, 8, 9 Sekunden Augenkontakt halten.

Du wirst sehen, dass andere dich selbstbewusster wahrnehmen werden und du dich auch selbst selbstbewusster fühlen wirst. Gewöhne dir an, einen intensiven, langen Blickkontakt zu haben, denn das zeichnet Menschen mit viel Selbstvertrauen aus. Anfangs kannst du im Kopf leise mitzählen, bis es zu einer festen, selbstbewussten Gewohnheit geworden ist. Wenn du schon zu den Fortgeschrittenen zählst, dann kannst du Blickkontakt mit fremden Menschen herstellen, diese anlächeln oder sogar ansprechen.

Übung:

Versuche jeden Tag jemanden anzusprechen – ob es der Taxifahrer ist, der Mann im Bus, die Dame an der Ampel, ein Kind am Spielplatz. Grüße diese Person, mache ihr ein Kompliment oder stelle eine Frage („Geht es hier zu ...?", „Könnten Sie mir die Uhrzeit sagen? ").

Zu Beginn wirst du noch großen Scham verspüren und die Angst, abgelehnt zu werden. Mit der Zeit wirst du aber immer selbstbewusster auf Menschen zugehen, da du feststellen wirst, dass die meisten Menschen positiv auf dich reagieren. Daher ist deine Angst unbegründet, irrational und unnötig belastend. Du wirst neue, positive Erfahrungen dazu sammeln können, welche dein Selbstvertrauen pushen und deine Angst endgültig verschwinden lassen.

23. Rede laut, langsam und deutlich

Selbstbewusste Menschen sprechen laut. Sie wollen gehört werden und schämen sich nicht, wenn sie sich versprechen oder auch mal Blödsinn von sich geben. Um dich selbstbewusster zu fühlen und auch so auf andere zu wirken, sprich laut und deutlich.

Übung:

Bevor du morgens das Haus verlässt, sprich deinen Glaubenssatz laut aus.

Du darfst hierbei gerne übertreiben und diesen sogar fast schreien. Ziel ist es, sich immer mehr an die eigenen, laute Stimme zu gewöhnen, die gehört werden soll und dadurch auch gehört wird. Auch hierbei ist Training essentiell. Versuche jeden Tag etwas lauter und deutlicher zu sprechen.

Auch die Sprechgeschwindigkeit entscheidet, wie dich andere Menschen wahrnehmen. Wenn du schnell und mit hoher Stimme sprichst, wirkst du unsicher. Wenn du dich langsam, laut und deutlich ausdrückst, dann wirst du als gelassen, selbstsicher und gefestigt wahrgenommen. Du kannst auch bewusst theatralische Pausen beim Sprechen machen, in denen du deinem Gegenüber in die Augen blickst und lächelst. Somit lenkst du noch mehr Aufmerksamkeit auf dich, welches dein Selbstbewusstsein stärkt. Übe dich also auch im langsamen Sprechen.

Zu Beginn wird es sich komisch anfühlen, sich laut zu äußern und gehört zu werden. Du wirst dich aber daran gewöhnen und es sehr zu schätzen lernen.

Du darfst dabei lernen, dass deine Meinung wichtig ist und gehört werden soll. Du wirst lernen, wie es ist, wenn die Aufmerksamkeit zu dir überschwenkt und im Mittelpunkt zu stehen. Hier heißt es aushalten, lernen, sich der Angst stellen und weiter zu wachsen.

24. Achte auf Hände und Rücken

Du hast schon die Superman-Pose kennengelernt und geübt. Diese ist das universelle Gedankenbild für einen selbstbewussten Menschen: gerader Rücken, erhobener Kopf, Hände in die Hüften gestemmt, breitbeiniger Stand. Denn die Körperhaltung, sowie allgemein deine Gestik und Mimik, sind zu 97 % dafür verantwortlich, was beim Gegenüber ankommt. Der Inhalt selbst spielt nur eine kleine Rolle. Egal was du sagst, wie du es sagst und was dein Körper dabei zeigt, ist viel wichtiger.

Überlege mal, wo sich deine Hände die meiste Zeit befinden und wie deine Körperhaltung im Alltag aussieht. Symbolisiert diese Selbstvertrauen?

Übe dich, deine Hände stets sichtbar zu halten, nicht verschränkt oder in der Hosentasche. Wenn du dir unsicher bist, wo diese hinsollen, stemme deine Hände in die Hüfte, nimm Raum ein und festige damit deinen Stand.

Sicherlich kennst du jemanden, der immer mit gekrümmten Rücken und gesenktem Kopf herumläuft – Was denkst du über ihn? Was für eine Person wird das wohl sein? Trainiere mit einem geraden Rücken zu gehen und zu sitzen, den Bauch anzuspannen, die Schultern nach hinten und unten zu ziehen.

Wenn du deine Körperhaltung veränderst, ändert sich nicht nur das Bild, was andere von dir haben, sondern auch deine persönliche Gefühlslage – du fühlst dich automatisch stärker und selbstbewusster.

Übung:

Stelle dir eine Erinnerung und schreibe dir Notizzettel, die dich an deine Körperhaltung erinnern.

25. Gehe stolz und selbstbewusst

Jeder kennt jemanden, der immer mit gesenktem Kopf durch die Welt läuft, die Füße nicht richtig hebt und dahin „schlurft". Vielleicht kennst du auch jemanden, der mit ganz vielen kleinen Schritten hastig seinen Weg zurücklegt.

Ein selbstbewusster Gang ist ein aufrechter Gang. Die Schritte sind weder langsam, noch schnell, jedoch groß genug, um viel Weg dadurch bewältigen zu können. Mache große Schritte, gehe aufrecht und übe einen selbstbewussten Gang, der dich selbst innerlich stark fühlen lässt und auch auf andere so wirkt.

Übung:

Übe einen selbstbewussten Gang vor dem Spiegel. Nutze dafür auch Schaufenster und andere große, spiegelnde Flächen, um dein Auftreten zu üben und dich an deinen selbstbewussten Gang zu erinnern.

Du kannst dich auch filmen, um einen besseren Eindruck von deiner Gehgeschwindigkeit und Haltung zu bekommen.

26. Atme richtig

Eine schnelle Atmung haben wir, wenn wir Angst haben oder stark gestresst sind. Eine ruhige Atmung haben wir, wenn wir entspannt und selbstbewusst sind.

Unser Körper reagiert auf unsere Gedanken. Aber auch unser Kopf reagiert auf die körperlichen Warnzeichen. Wenn du merkst, dass dein Atem schnell geht, du zitterst oder sich deine Muskeln anspannen, dann verstärkt dein Kopf die auslösenden Angstgedanken. Körper und Kopf stehen in Wechselwirkung zueinander.

Es ist also möglich, wenn wir unseren Körper kontrollieren; vor allem unsere Atmung, sodass wir uns besser fühlen.

Übung:

Atme tief ein, halte kurz den Atem und atme ganz langsam aus. Wiederhole das 5-mal.

Hast du bemerkt, wie du plötzlich innerlich viel ruhiger und gelassener warst? Einfach nur, weil du deinen Atem verlangsamt hast. Dies kannst du jederzeit einsetzen, ob im Auto, vor einer Präsentation, auf der Toilette oder abends, wenn dein Gedankenkreisen dich nicht einschlafen lässt.

Zusätzlich kannst du zu dieser Atemtechnik auch ein Mantra oder einen Glaubenssatz sprechen.

Zum Beispiel könntest du sagen oder denken „Ich atme alles Negative aus – Ich atme Selbstbewusstsein ein“, „Ich atme Anspannung aus – und Entspannung ein“, „Ich bin stark“, „Ich bin gut genug“, „Ich liebe mich“. Ein positives Mantra hilft, die Gedanken besser im Griff zu haben und schneller den gewünschten Effekt zu erreichen.

Kontrolliere deinen Atem, um deine Gedanken zu kontrollieren. Verlangsame deinen Atem, um auch deine Gedanken zu verlangsamen.

27. Drücke die richtigen Körperpunkte

Akupressur wird seit über 5.000 Jahren praktiziert und ist eine anerkannte Therapieform der Traditionellen Chinesischen Medizin (TCM). „Druck-Akupunktur" übt hauptsächlich Druck mit den Fingern aus und gilt deshalb als sanfte Therapieform. Das Drücken bestimmter Körperpunkte („Druck-Akupunktur") hilft Energieblockaden zu lösen und die Einheit zwischen Körper, Seele und Geist wiederherzustellen.

Hier findest du hilfreiche Punkte, um zu mehr Stärke, Mut und Gelassenheit zu gelangen.

„Notfallpunkt": Dieser Punkt wirkt Wunder und kann vor herausfordernden Situationen in Sekunden Stress und Angst vertreiben. Der sogenannte „Notfallpunkt" liegt in der Mitte der Handinnenfläche. Drücke diesen mit dem Daumen bis du zur Ruhe gekommen bist. Wechsel danach zur anderen Hand. Du wirst merken, dass das Drücken auf einer Seite „effektiver" ist, als auf der anderen.

„Nei guan": Das „inner Passtor" vertreibt Sorgen und innere Unruhe. Drücke am Handgelenk, etwa zwei Daumen breit unterhalb der Handflächenunterkante, diesen Punkt rund eine Minute und atme dabei tief ein und wieder aus. Wiederhole den Vorgang so lange, bis Druck und Anspannung abfallen und du Gelassenheit verspürst.

„Solar-Plexus“: Halte die Hände nah am Körper zwischen Herz und Bauch, etwas über dem Bauchnabel. Drücke die Handflächen auf dieser Höhe aneinander, sodass sich alle Fingerkuppen berühren. Lege beide Daumen übereinander und verkreuze diese. Atme tief ein und aus. Damit aktivierst du deine Willensstärke und fühlst dich stark, durch die Aktivierung deines Solar-Plexus-Chakras („Manipura“).

„Wurzel-Chakra“: Berühre mit deinem Daumen den Zeigefinger derselben Hand und forme einen Kreis (wie beim Meditieren). Lege deine Hände entspannt auf die Knie, während du weiterhin einen Kreis mit dem Daumen und Zeigefinger formst. Drücke Daumen und Zeigefinger leicht zusammen. Spüre den leichten Druck, den du ausübst. Das Wurzelchakra beruhigt und stärkt dich zugleich. Du fühlst dich in der Lage, alles zu bewältigen und zu überleben.

„3. Auge“: Balle eine leichte Faust mit beiden Händen auf Brusthöhe. Der Daumen bleibt dabei außen und ist sichtbar. Lege die 2 sanft geballten Fäuste aneinander, sodass sich die Fingerbeugen berühren. Strecke beide Zeigefinger dabei aus und presse diese leicht aneinander. Versuche, ein schönes Dreieck mit deinen Zeigefingern zu bilden. Der Druck auf den Zeigefinger ist etwas stärker als der auf den Fingerbeugen, diese berühren sich nur leicht. Mit dieser Übung aktivierst du deine Konzentration, zapfst deine „Weisheit“ an und schärfst deine Intuition durch die Aktivierung des dritten Auges.

Das Drücken bestimmter Körperpunkte (Druck-Akupunktur) hilft dir, dich zu entspannen und Stress zu vertreiben.

Probiere alle genannten Körperpunkte aus. Atme dabei tief ein und aus. Mache die Übungen jeweils 2 Minuten lang und versuche deren Wirkung auf dich, deinen Körper und deinen Geist wahrzunehmen.

Für jeden ist ein Punkt oder eine Handstellung wirkungsvoller als die andere. Wähle die Art der Selbst-Akupressur, die für dich am besten wirkt. Verankere diesen für eine Zeit lang fest in deinen Alltag, am besten früh morgens nach dem Aufstehen. Natürlich kannst du auch in Situationen, in denen du Ruhe und Selbstbewusstsein nötig hast, direkt davor anwenden und den Effekt für dich nutzen. Diese Punkte wirken auch bei Gedankenkreisen, Schlafstörungen, innerlicher Unruhe und Stress.

Übung:

Übe den Druckpunkt täglich direkt nach dem Aufstehen aus und starte entspannt und voller Selbstvertrauen in den Tag.

28. Gewinne gedanklich

Wenn du weißt, dass eine herausfordernde Situation auf dich zukommen wird, bei der du eine extra Portion Selbstvertrauen benötigst, kannst du diese vorab gedanklich durchspielen, bewältigen und somit Selbstvertrauen gewinnen.

Übung:

- Beschreibe die Situation. Was könnte passieren?
- Wie möchtest du dich verhalten?
- Was könntest du sagen?
- Wie wirst du dastehen?

Beobachte dich genau von außen. Spiele diese Szenarien immer wieder durch.

Besiege die Herausforderung gedanklich.

Umso öfters du im Trockentraining Herausforderungen bewältigst, desto weniger bedrohlich scheinen diese zu werden. Denn wenn wir wissen, was auf uns zukommt, wir die Situation immer wieder durchspielen und einen positiven Ausgang heraufbeschwören, glauben wir nicht nur an diesen positiven Ausgang und erwarten diesen in der realen Welt, sondern wir erfahren durch eine bereits bekannte Situation (alles Neue macht Angst) mehr Selbstvertrauen.

Dieses Trockentraining kann zum Beispiel bei Prüfungsangst, Angst eine Präsentation zu halten, die Unsicherheit beim Kennenlernen neuer Menschen oder beim Ausprobieren neuer Aktivitäten eingesetzt werden.

29. Versetze dich in eine andere Person

Manchmal fällt es uns schwer, uns selbst als starke, selbstbewusste Person zu sehen. Wenn wir zu weit von dieser Vorstellung weg sind und uns nicht einmal gedanklich unser volles Selbstvertrauen zutrauen, wird es auch in der realen Welt schwer möglich sein. Hier hilft eine Vorstellungsübung, Selbstvertrauen zu gewinnen und Selbstbewusstsein auszustrahlen.

Übung:

Denke an eine Person, die du als besonders selbstbewusst empfindest - eine Person, die durch nichts aus der Fassung gebracht wird, stets überzeugt von sich selbst und dem eigenen Sieg ist. Es kann auch eine fiktive Person aus einer Serie, Film oder Buch sein. Beobachte diese Person genau:

- Wie ist der Blick?
- Was sagt uns die Körperhaltung?
- Was könnte diese Person sagen?
- Wie sagt sie es?

Versuche, dich nun in diese Person hineinzuversetzen und sie zu imitieren. Spiele diese Person, sei diese Person, werde zu dieser Person. Wenn wir eine andere Person spielen, diese nachmachen, fällt es uns oft viel leichter, ein Verhalten zu ändern. Diesen Effekt können wir nutzen, um in herausfordernden Situationen Selbstbewusstsein und Selbstvertrauen zu bekommen.

30. Träume und nutze Fantasiereisen

Fantasiereisen sind gelenkte Tagträume. Mit deiner Vorstellungskraft erzeugst du aufgrund der vorgelesenen Worte Bilder im Kopf. Alleine die Vorstellung reicht aus, um dieselben Gefühle zu erzeugen, als würde es im wahren Leben passieren. Es reicht oft aus, eine Angst in der Vorstellung zu besiegen, ein Ziel in einem Tagtraum zu erreichen und Herausforderungen gedanklich zu meistern.

Alle Spitzensportler wissen, dass mentales Training mindestens genauso wichtig wie das körperliche Training ist. Wenn ein Marathonläufer für den nächsten Wettkampf trainiert, dann zählt zu diesem mindestens 1 x täglich die Visualisierung des Zieleinlaufs, das Vorstellen der Strecke in Gedanken, das Passieren der Routenpunkte und die gedankliche Bekämpfung der Erschöpfung.

Nicht jedem fällt es leicht, sich derartig positive Tagträume vorzustellen. Deshalb können passende Fantasiereisen helfen. Es gibt nicht nur die „klassischen“, bekannten Entspannungsgeschichten, sondern auch tiefgehende Traumreisen, die helfen, Ängste zu bekämpfen, den Umgang mit Gefühlen zu lernen, Kraft und Mut zu schöpfen, sich selbst anzunehmen, den „Stopp“-Knopf für schlechte Gewohnheiten zu drücken, alte Muster aufzulösen sowie Liebe und Geborgenheit zu fühlen.

Weil ich genau das bei vielen Klienten, bei Jung und Alt, bemerkt habe, habe ich selbst Fantasiereisen geschrieben, die genau die Problemfelder gedanklich bearbeiten. Fantasiereisen können dir helfen, mehr Selbstvertrauen in dich und deine Fähigkeiten zu bekommen.

Fantasiereisen setzen dir Bilder und Worte in den Kopf, die du dir selbst nicht vermagst zu denken.

(Fantasiereisen – heilende Kurzgeschichten" - erhältlich unter www.sabrina-fleisch.at und Amazon.de)

31. Nimm dir regelmäßig eine Auszeit

Auf uns lastet sehr viel Druck, wir müssen in den verschiedensten Lebensbereichen Leistungen erbringen. Angefangen bei der Arbeit oder in der Schule, in der Partnerschaft, vielleicht bei der Kindererziehung, im Haushalt, sogar bei den eigenen Hobbies und bei dir selbst – wir glauben, alles muss besser werden, optimiert werden, an allen Ecken muss gearbeitet werden.

Wir brauchen regelmäßig eine Auszeit. Eine Zeit, in der wir nicht leisten müssen, in der wir einfach nur da sind, wahrnehmen, nichts tun müssen, außer zu atmen, zu leben und da zu sein. Hierbei kann Meditation Wunder bewirken.

Übung:

Suche dir einen angenehmen Platz und stelle einen Timer auf 5 Minuten. Setze dich gemütlich hin, wenn du magst im Schneidersitz. Versuche den Rücken aufrecht zu halten, um möglichst tief atmen zu können. Finde einen geeigneten Platz für deine Hände. Wenn du möchtest, lege sie auf deine Füße oder drücke sie sanft im Bereich deiner Brust aneinander. Schließe die Augen. Nun konzentriere dich auf deinen Atem, beobachte ihn. Nur beobachten, nicht verändern. Lasse Gedanken kommen und gehen. Bewerte nicht, urteile nicht, sei einfach da. Beobachte. Es werden Gedanken hochkommen, Bilder, Gefühle – nimm sie an und lass sie weiterziehen, bleibe nicht daran hängen.

Zu Beginn ist diese einfach klingende Übung sehr schwer. Deshalb starte zuerst nur ein paar Minuten Meditation. Danach kannst du dich auf 10, 15, 29, 30 Minuten steigern, je nachdem, wie sehr du es brauchst und wieviel Zeit du dafür hast.

Es ist wissenschaftlich bewiesen, dass Mediation die seelische Gesundheit positiv beeinflusst. Die berühmten fernöstlichen Klöster der Shaolin-Mönche sind das beste Beispiel dafür. Sie meditieren stundenlang, täglich, um dann alleine mit der Kraft ihrer Gedanken über Kohlen zu laufen und Bretter mit der Hand in zwei Teile zu schlagen. Und das ganz ohne körperliches Training.

In einem gefährlichen Bezirk in Nordamerika hat eine Schule das Fach Meditation eingeführt. Neben der verpflichtenden täglichen Meditation gab es auch einen Meditationsraum. Nicht nur wurde die Gewalt an der Schule wesentlich weniger, auch im gesamten Stadtgebiet wurden weniger Raube und Morde verzeichnet. Ein Junge dieser Schule hatte seine Eltern bei einem Raubüberfall verloren. Dieser war danach, immer, wenn er traurig war, sehr aggressiv. Nun, wenn er Traurigkeit verspürt, sieht man ihn im Mediationsraum sitzen, wie er ruhig dasitzt und atmet.

Erst, wenn du Mediation über einen längeren Zeitraum in dein Leben integrierst, wirst du die Unterschiede feststellen, die diese Übung mit deinem Körper und Geist machen wird. Du wirst selbstbewusster, stärker, gefasster und innerlich stets ruhig und gelassen sein. Du hast dich selbst besser im Griff, sowie deine Gedanken und Gefühle. Das sollten genug Gründe sein, um sich nun einen festen Platz für Meditation im Alltag einzuplanen.

32. Sei dein persönlicher Moderator

Wenn sich der innere Kritiker in deine Gedanken einschleicht, hole deinen inneren Cheerleader hervor. Dieser wird dir die Worte der Anerkennung und Wertschätzung mit einer Portion Humor in dein Leben bringen und dein Selbstbewusstsein stärken.

Übung:

Sei heute den ganzen Tag der Moderator und Kommentator deines persönlichen Lebens.

Wie ein Sportkommentator bei einem Fußballspiel kommentierst du alles, was du machst. Ob du den Kaffee erfolgreich in die Tasse gießt, den Brief mit Leichtigkeit in den Briefkasten wirfst, den Boden saugst, eine Nachricht versendest – über jede Tätigkeit wird spannend berichtet. Du feuerst dich an, feierst deine Siege laut, denn dein Leben ist aufregend und jedes Detail ist es wert, kommentiert und gelobt zu werden.

Sei Moderator deines eigenen Lebens – kommentiere jede Handlung, feuere dich an.

Dadurch wirst du nicht nur viel aufmerksamer darauf, was du alles an einem Tag erledigst, du wirst auch viel mehr Spaß bei allem haben. Deine negativen Gedanken deines inneren Kritikers haben dadurch keinen Platz und dein selbstbewusstes Ich kommt zum Vorschein.

33. Sei dankbar, immer

Dankbar zu sein, für das, was man hat, ist der Weg zu einem zufriedenen Leben und deinem Wohlbefinden. Wir legen den Fokus nicht auf das, was schlecht läuft, wo wir versagt haben oder versagen könnten – nein, wir legen den Fokus auf das, was bereits gut läuft, was wir können, schon erreicht haben, was wir in diesem Augenblick alles haben. Und glaub mir – das ist einiges.

Jedoch haben wir uns an die Umstände bereits gewöhnt, wir schätzen alltägliche Dinge nicht mehr und auch unseren Fortschritt sehen wir nicht. Kannst du dich noch erinnern, als du nicht laufen konntest? Nicht selbstständig essen konntest? Als du noch keinen Führerschein hattest? Als du das Multiplizieren noch nicht beherrscht hast? Du hast gewaltige Fortschritte gemacht, so viel schon gelernt, dir so viel erarbeitet. Sei stolz darauf! Und sei stolz darauf, was für ein Glück du hattest, überhaupt das Licht der Welt erblickt zu haben. Du bist einer aus 10.000 gewesen – das beste, schnellste Spermium – das bist du!

Sei dankbar in dieser Zeit aufwachsen zu dürfen, ohne Krieg, mit ausreichend Nahrung und frischem Wasser. Sei dankbar für die abertausenden Möglichkeiten, die dir offenstehen – wo du lebst, wie du lebst, wen du liebst. Das ist nicht selbstverständlich und das sollten wir uns alle öfters mal ins Gedächtnis holen.

Bist du mit deiner Nase unzufrieden? Oder mit deiner Stimme? Bist du nicht mit langen Beinen oder starken Armen gesegnet worden? Deine Nase ist ein göttliches Geschenk, ohne der du kein Essen genießen könntest, weil dein Geruchssinn 80 % des Geschmackssinns ausmacht. Also möchtest du auf deine Nase verzichten oder freust du dich, eine zu besitzen? Deine Stimme ermöglicht es dir, deine Gedanken auszudrücken, um Hilfe zu bitten, anderen deine Liebe mitzuteilen, dich zu bedanken und auch, Macht über andere auszuüben. Deine Stimme ist ein großartiges Geschenk, andere haben dieses Geschenk schon verloren. Deine Arme und Beine ermöglichen dir das Leben, das du gerade führst. Wo wärst du, wie wärst du, wenn du beides nicht hättest? Siehst du, was deine Arme und Beine alles für dich tun?

Dankbarkeit ist der Weg zum Glück.

Übung:

- Wofür bist du dankbar?

Schreibe eine Liste mit 20 Dingen, für die du dankbar bist.

Diese Übung kannst du jederzeit machen – im Auto, wenn du im Stau stehst, vor dem Essen, in einer Satzpause beim Beintraining, beim Spielen gemeinsam mit dem Kind oder mit dem Partner abends im Bett. Frage dich, wofür du heute oder allgemein in deinem Leben dankbar bist. Dadurch wirst du dich ruhig fühlen, stark, klar, besonnen und natürlich äußerst glücklich. Zusätzlich wächst dein Selbstvertrauen.

Dankbarkeit nimmt Last und Schwere von den Schultern und lässt dich eine angenehme Leichtigkeit spüren. Dies beruhigt den inneren Kritiker, mindert die Bedeutung seiner kritisierenden Worte und gibt dir Hoffnung - mit einer Portion Selbstbewusstsein.

Eine Frau in Afrika muss 8 km laufen, um zu sauberen Wasser zu kommen.

Wir, in der zivilisierten westlichen Welt, würden einfach umziehen, wenn es dort kein Wasser gibt. Oder wir würden einen Lieferservice anrufen, der uns Wasser bringt.

Absurd wie gut es uns doch geht.

- Ingmar Stadelmann

34. Stärke dich mit negativen Vergleichen

Dankbarkeit zu zeigen und das zu schätzen, was man hat, ist nicht immer leicht. Wir sehen ja natürlich immer das, was bei anderen schöner, besser, und größer erscheint. Das Gras ist auf der anderen Seite immer grüner – denken wir. Die Wahrheit sieht oft anders aus. Denn keiner wird mit den eigenen Schwächen, Unzulänglichkeiten oder Versagen angeben. Das behält jeder schön für sich.

Auch die persönlichen Lebensprüfungen sind andere. Manche haben ein Leben lang mit Krankheiten, Allergien oder Geburtsfehlern zu leben. Andere mussten vielleicht einen schweren Verlust durchmachen. Der Nächste hatte mit Mobbing und Gewalt zu kämpfen, ein Anderer mit Unterdrückung oder Manipulation. Wir wissen nicht, was den anderen das Leben schwer macht, wir wissen aber, was uns das Leben schwer macht – zumindest glauben wir das zu wissen.

Ich versichere dir, dass kein Leben perfekt ist. Jeder musste Unsicherheit, Schwächen, Unglück, Ablehnung und unschöne Erlebnisse erfahren. Nur sehen wir das nicht. Wir sehen das, was uns fehlt. Wir können jedoch gezielt unsere Schwächen, schlechten Eigenschaften und Unsicherheiten mit den Menschen vergleichen, die es noch schwerer haben.

Es gibt immer jemanden, dem es noch schlechter geht.

Wenn du dich aufgrund deines Körpers schämst, vergleiche dich mit jemanden, der im Rollstuhl sitzt, dessen Arm in den Rasenmäher geraten ist oder jemanden mit einer Pigmentstörung. Wenn du dich für zu schüchtern hältst, denke an eine Person, die noch unsicherer ist und sieh den gewaltigen Fortschritt, den du bereits erreicht hast. Egal, weswegen du dich fertig machst, weswegen dich dein innerer Kritiker angreift, du kannst ein Gegenstück finden – eine reale Person, der es noch schlechter geht.

Du wirst dich nicht nur dankbar fühlen, sondern sehr wahrscheinlich auch schuldig, weil du dich selbst davor kritisiert hast.

Übung:

- Was stört mich?
- Wem geht es hierbei noch schlechter?

35. Schreibe dir einen Brief

Nachdem du nun zahlreiche Übungen gemacht hast, um dein Selbstbewusstsein zu stärken, deinen Selbstwert zu steigern und in Zukunft mehr Selbstvertrauen zu haben, folgt nun die letzte Übung. Schreibe dir einen Brief. Schreibe dir einen Liebesbrief. Schreibe auf, worauf du stolz bist, was du bereits gut gemacht hast, wofür du dich liebst. Notiere wofür du dankbar bist. Schreibe auf, was du noch alles erreichen möchtest, ausprobieren und sehen möchtest. Dies wird dir Antrieb geben, Motivation und Ausdauer. Diesen Brief kannst du hervorholen, wenn es dir schlecht geht, oder wenn du einen positiven Antrieb brauchst.

Alleine das Aufschreiben und Ausformulieren macht dir die Worte bewusster, lässt sie dich ein Stück mehr glauben und annehmen.

Du kannst dir auch jedes Jahr einen Brief schreiben und diesem am Jahresende feierlich öffnen und lesen. Ein Ritual nur für dich, weil du dich liebst, dich schätzt und dir etwas Gutes tun möchtest.

Probiere es aus und staune, welch positive Gefühle du in dir verspüren wirst.

Fantasiereise: Ängste besiegen

Fantasiereisen sind gelenkte Tagträume, die Ruhe und Gelassenheit bewirken können, aber auch Energie, Motivation, Kraft und Stärke spürbar erwecken können.

Fantasiereisen werden seit den 1950er Jahren erfolgreich in Therapien eingesetzt. Mit Hilfe der Vorstellungskraft werden Bilder erzeugt, die dich Ängste besiegen und Herausforderungen meistern lassen. Von Kindern bis hin zu Erwachsenen – Fantasiereisen sind für Groß und Klein einsetzbar, hilfreich und wirksam.

Fantasiereisen können dir dabei helfen, dich deinen eigenen Ängsten zu stellen, Zukunftsvisionen und Lösungen zu entwickeln, den Umgang mit Verletzungen, Sorgen und Zweifel zu üben und das Selbstvertrauen und den Selbstwert zu stärken. Die Bilder, die durch die eigene Vorstellungskraft erzeugt werden, machen dies möglich. Jedes Wort, jeder Satz der Fantasiereise löst Bilder aus, welche wiederum Emotionen auslösen und dein Verhalten positiv beeinflussen können.

Fantasiereisen sind ein sehr gutes Instrument, um neue Denkweisen und Verhaltensmuster zu erlernen – und das spielerisch leicht, ohne zu sprechen.

Fantasiereisen können dich stark, mutig, unverwundbar, geliebt, geschätzt, wertvoll, motiviert, entspannt, ruhig und gelassen fühlen lassen.

Der Endgegner (60 Minuten)

Mache es dir bequem — vielleicht möchtest Du den Gürtel lösen oder die Schuhe ausziehen — wenn du sitzt, dann stelle deine Füße gerade vor dir auf den Boden — du fühlst die Unterlage, auf der Du sitzt — du wirst getragen — wenn du liegst, erspüre die Punkte, mit denen du die Unterlage berührst — spüre in deine Füße hinein — wie fühlen sie sich an? — wandere nun mit deiner Aufmerksamkeit die Beine hinauf — über die Knöchel — die Unterschenkel — die Knie — löse die Spannung — deine Beine werden schwerer— und schwerer — wandere weiter hinauf über das Gesäß — weiter zum Bauch und Brustkorb — hier wird es ganz warm — eine angenehme Wärme breitet sich in deiner Brust aus — erfüllt deinen Bauch — deine Arme und Beine — löse die Spannung — deinen Rücken — löse die Spannung — deine Schultern, Hals und Kopf — so angenehm warm — gehe nun mit deiner Aufmerksamkeit zum Rücken — wie fühlt sich der Rumpf an? — löse die Spannung — dein Rumpf ist schwer und sinkt ein wenig tiefer — weiter über den Rücken zu den Schultern — versuche deine Schultern entspannt hängen zu lassen — wandere mit deiner Aufmerksamkeit über den Nacken zum Kopf — versuche deinen Nacken zu entspannen — zu deiner Stirn — versuche deine Stirn zu entspannen — zu den Augenlidern — versuche deine Augenlider entspannt hängen zu lassen — sie sind schwer und umhüllen sanft deine Augen — zur Nase — spüre den Atem, wie dieser durch die Nase hinein und wieder hinaus fließt — vielleicht bewegen sich bei jedem Ein- und Ausatmen leicht deine Nasenflügel — achte auf den Kiefer — löse die Spannung — vielleicht möchtest du den Mund leicht öffnen — Du bist ruhig und entspannt — ruhig und entspannt. Du sinkst tiefer und tiefer — deine Glieder werden schwerer und schwerer — immer mehr löst sich die Spannung — dir geht es gut — dir geht es hier so gut. Nun spüre deinen Atem — achte wie dein Brustkorb sich hebt und senkt — ein und aus — Entspannung kommt ganz von allein — alle Geräusche um dich herum — fließen an dir vorbei.

Es ist ein regnerischer Herbsttag. Als du deine Augen öffnest und verschlafen den Sand aus den Augen reibst, spürst du, dass etwas Schweres in der Luft liegt — du weißt, dass heute ein besonderer Tag ist. Verschlafen gehst du ins Badezimmer — putzt dir deine Zähne und siehst dich dabei im Spiegel an. Da liest du den Satz, den du dir gestern aufgeschrieben hast: Ich stelle mich meinen Ängsten. Du schluckst — du weißt nicht, ob du dazu bereit bist — stark genug — mutig genug bist. Du hast ein flaues Gefühl im Magen. Der Regen prasselt an die Scheibe. Du gehst zurück zu deinem Bett — möchtest dich wieder hinlegen — doch am Bett liegt ein kleines Päckchen. Was ist da wohl drin? Neugierig packst du es aus. Darin ist ein Zettel, auf dem geschrieben steht: Heute stellst du dich deinen Ängsten. Glaube an dich, dann wirst du es schaffen. In der Ecke des Päckchens ist ein Marienkäfer mit 6 Punkten. Wie schön, die bringen Glück. Im selben Moment, als du ihn berühren möchtest, fliegt er weg — durch das Fenster — auf die Wiese. Du hast das Bedürfnis, dem Käfer zu folgen.

Regentropfen fallen auf dein Gesicht herab. Wo ist er hin? Da ist er. Und da sind sogar noch mehr. Aufgeregt flattern sie herum — immer um dieselbe Stelle. Du bemerkst, dass diese Stelle der Wiese kahler ist als ringsum. Du entdeckst etwas glitzern — bronzenes Metall — ein Ring. Du ziehst daran — eine Luke öffnet sich — darunter Finsternis.

Heute stelle ich mich meinen Ängsten — sagst du dir und fühlst dich dabei klar und stark — ich kann es schaffen. Mit einem Ruck springst du in die Finsternis — in die absolute Dunkelheit.

Du fliegst — komplett schwerelos — der Wind zieht an dir vorbei — du hast Angst — keine Kontrolle — du fliegst — fliegst weiter und du landest — weich. Fester Boden unter den Füßen — Halt. Alles ist gut, du hast dir nicht weh getan. Du hast dich der ersten Angst gestellt. Weiter so! Nichts ist passiert. Wenn du an dich glaubst, kannst du alles schaffen.

Es ist stockfinster — du kannst nichts sehen. Vertraue auf deine Sinne. Spüre die Wände der Höhle — den warmen Stein. Rieche die Erde, den Stein. Du sehnst dich nach Licht. Wenn du daran glaubst, kannst du alles schaffen. Nutze deine Macht der Gedanken, erschaffe Licht — erhelle den Raum — jetzt.

Geschafft. Sieh dich um. Du bist in einer Höhle. Die Wände sind aus hellem Stein und Erde. Am Ende der Höhle scheint sich etwas zu bewegen. Geh hin!

Als du immer tiefer in die Höhle gehst, bemerkst du, dass du auf dich selbst zugehst — es ist ein Spiegel. Sieh dich an. Was siehst du? Was fühlst du?

Heute stellst du dich deiner Angst. Als du diesen Satz noch nicht zu Ende gedacht hast, beginnt dein Gesicht sich zu verformen — zu einer grässlichen Grimasse. Du kannst es kaum glauben — das bist doch nicht du! Ich möchte meine Schönheit zurück — mein Gesicht! Und da kommt dir der Satz wieder in den Sinn – Heute stelle ich mich meiner

Angst — der Angst nicht schön genug — nicht gut genug zu sein — zurückgewiesen zu werden — nicht liebenswert zu sein. Du bist tieftraurig. Du bist weg — dein Gesicht ist weg. Wer soll dich so noch lieben?

Da hörst du auf einmal deinen Namen. Du wirst gerufen. Die Stimme kennst du. Aber da sind mehr Stimmen — all diese Stimmen kommen dir bekannt vor. Du drehst dich um und siehst wie deine Liebsten dir zuwinken. Sind es deine Freunde, Eltern, Familienmitglieder, Kollegen? Sie rufen nach dir und strahlen dich mit einem breiten Lächeln an. Du sollst zu ihnen gehen. Sie warten auf dich. Trotz deines entstellten Gesichts nehmen sie dich fest in den Arm — alle auf einmal stehen sie um dich herum und drücken dich ganz fest — wie gut sich das anfühlt — so schön warm. Hier bist du geborgen — sicher — und wirst geliebt. Sie behandeln dich wie immer — genauso wie vorher — nichts hat sich verändert. Sie lieben dich nach wie vor. Sie lieben dich aufgrund deines Inneren —deiner inneren Schönheit — diese erkennen sie auch hinter dieser Grimasse. Auch du liebst sie nicht aufgrund ihrer Nase, den Augen, den Ohren, Wangenknochen, langen Beinen oder schönen Haaren. Du liebst sie für das, was sie sagen, tun, wofür sie stehen und leben — du liebst sie für das Gefühl, das sie in dir auslösen — Sicherheit — Liebe — Geborgenheit. Fühle es.

Ich habe keine Angst — alles ist gut, Beine, Arme noch dran — solange es nur das Gesicht ist, kann ich damit leben. Mir geht es gut, ich fühle mich nicht anders als vorher. Meine Sorgen — meine Angst ist unbegründet — ich bin schön genug — gut genug, wie ich bin. Ich werde weiterhin geliebt — und ich liebe mich auch weiterhin. Plötzlich sind die Arme um dich herum weg. Du hast die Angst besiegt. Ein Blick in den

Spiegel verrät, du hast gewonnen — dein Gesicht ist wieder zurück — noch nie hast du dich so schön gefunden. Genieße es — sage dir, wie schön du dich findest.

Du gehst weiter und stehst nun vor einem großen Tor. Öffne es. Mit einem Knarren bewegt sich die Türe — dahinter ein Raum mit vielen Menschen — ein wahres Gewusel an Menschen — so viele auf kleinem Raum. Was ist hier meine Aufgabe?

In der Mitte des Raumes hängt eine Leiter von der Decke herab — jedoch bist du zu klein, du würdest nicht an die Decke herankommen. Du drehst dich um, zu der Türe, aus der du gekommen bist. Sie ist weg — wie von Zauberhand verschwunden. Der wohl einzige Ausgang aus diesem Raum ist die Leiter, die du nicht erreichen kannst. Du tippst einem Mann auf die Schulter — können Sie mir helfen, ich muss zu dieser Leiter. Nein — antwortet der Mann grimmig und dreht sich um. Auch der nächste ist unfreundlich und weist dich zurück. Und noch einer — und noch einer. Keiner will dir helfen. Alle weisen dich zurück. Deine nächste Angst. Zurückweisung. Wie fühlt sich das an? Wo in deinem Körper fühlst du es?

Mach weiter. Du stellst dich deiner Angst — nichts kann dich aufhalten — du glaubst daran, alles wird gut werden, du musst nur daran glauben — und weitermachen — nicht unterkriegen lassen — der Angst stellen. Du fragst die nächste Person im Raum und noch eine und noch eine — Nein — Nein — Nein — und abermals Nein. Keine Hilfe. Du verlierst deinen Mut nicht. Sammle dich — sammle deine innere Kraft und Stärke — weitermachen — nicht aufgeben — alles wird gut — glaube daran.

Noch nie hast du so viele „Neins" nacheinander gehört und bekommen — es tut aber nicht weh — dir geht es gut — alles okay — Hände und Beine noch dran — alles gut — du lebst — Zurückweisung tut nicht weh. Da fragst du dich, worüber du dich überhaupt sorgst — was kann schon passieren? Was ist das Schlimmste, was passieren kann? Du bekommst ein Nein. Ist das schlimm? Nein. Du hast schon ein paar bekommen — nicht schlimm. Voller Motivation fragst du weiter und weiter. Irgendjemand wird dir helfen können — und wollen.

Da siehst du am Ende des Raumes ein kleines Mädchen, das in der Ecke sitzt und nicht aufgebracht herumläuft —kannst du mir helfen? — fragst du das Mädchen. Natürlich — antwortet das Mädchen. Endlich — man muss nur weitersuchen — weiterfragen — sich trauen — wagen — dann kommt die Lösung — du hast es gewusst.

Warum laufen die Menschen hier alle herum und sind unfreundlich? Sie haben Angst — antwortet das Mädchen —Angst vor meinem Vater — er sucht mich. Warum möchtest du nicht gefunden werden? Ich habe auch Angst vor meinem Vater — er ist sehr schnell wütend — damit verletzt er andere. Der ewige Kreislauf — Angst haben und Angst schüren — sich stark und groß fühlen, indem man andere ängstigt — die sichtbare Wut, hinter der nur Angst steckt — Angst, die Kontrolle zu verlieren — Angst nicht gehört oder gesehen zu werden — Angst, Fehler zuzugeben — Angst sein wahres Ich zu zeigen. Es ist immer Angst — Du hast heute aber keine Angst.

Da siehst du jemanden auf einem Thron sitzen – mit grimmigem, bösem Blick beobachtet er die Menschen — er wirkt wütend. Das wird wohl der Vater des Mädchens sein. Du gehst zu ihm hin — Warum bist du so wütend? — fragst du ihn. Erschrocken und überrascht sieht er dich an. Es hat wohl keiner gewagt, ihn anzusprechen. Ich habe meine Tochter verloren, ich töte einen nach dem anderen bis ich meine Tochter gefunden habe. Nun verstehst du, warum die Menschen so aufgewühlt umherlaufen, keine Zeit haben, dir zu helfen, Angst haben, dich abweisen. Die Menschen laufen herum aus Angst — sie helfen dir nicht, aus Angst — ängstliche Menschen können dir nicht helfen, sie kämpfen selbst mich sich und ihrem Überleben. Sie alle haben Angst — das Mädchen, die Menschen. Du aber nicht.

Ich helfe dir – Ich habe dein Mädchen gefunden — sagst du dem König. Bringe es mir oder ich töte dich — sagt der alte, ergraute Vater. Du antwortest, ohne mit der Wimper zu zucken, mit einem klaren, lauten — Nein — das werde ich nicht. Du stehst fest am Boden — Brust herausgestreckt — Kopf erhoben — laute, feste Stimme — du siehst direkt in die blauen Augen des Königs — hältst den Blickkontakt.

Frage dich doch König, warum dein Mädchen — dein geliebtes Kind — weggelaufen ist? — Warum es nicht schon längst zu dir zurück ist? Glaubst du, dass wenn du deine Taten — dein Verhalten nicht änderst, eine andere Lösung erwartest? Bis jetzt hat es nichts gebracht, die Menschen zu töten, versuche es doch anders. Mit geweiteten Augen sieht er dich an. Nun siehst du auch hinter der offensichtlichen Wut seine Angst — seine Verzweiflung — seine Traurigkeit über den Verlust und die tiefe, starke Liebe zu seinem Kind. Das steckt dahinter — du siehst sein wahres Ich. Fühlst du es?

Gib, was du bekommen möchtest. Der König beginnt leicht zu lächeln und eine Träne läuft seine Wange hinunter. Er steht auf und beginnt zu weinen. Die Menschen bleiben stehen. Sie hören auf zu laufen. Der König breitet seine Arme aus und umarmt die erste Person neben ihm und dann die nächste Person. So viel Liebe. Erleichterung in den Gesichtern. Dankbarkeit. Alles ist gut. Liebe heilt alles. Die Menschen beginnen zu jubeln — umarmen sich — freuen sich — lachen. Da taucht das Mädchen auf und läuft zum Vater. Er sieht das Mädchen, breitet seine Arme aus und hebt es hoch. Beide weinen — das kleine Mädchen in die Schulter des Vaters — der Vater vergießt seine Tränen. Auch die anderen Menschen vergießen Freudentränen. Die Zeit der Angst und des Weglaufens ist nun vorbei — Jetzt ist die Zeit der Liebe gekommen — geben — lieben — die Zeit des Muts — die Zeit der Vergebung — alle haben mitgeholfen mit ihren Tränen des Glücks — der Liebe.

Mehr und mehr füllt sich der Boden mit Wasser — mehr und mehr steigt das Meer aus Tränen — über die Hüfte — du beginnst zu schwimmen — Ja, nun näherst du dich der Leiter. Du kommst aus dem Raum! Du kannst die Leiter schon fast berühren — du hast sie — und hinauf mit dir. Mit nassen Kleidern kletterst du die Leiter hinauf und öffnest die nächste Luke.

Wie stark du bist — wie mutig — heute stellst du dich deinen Ängsten — du fühlst dich unaufhaltbar — bereit, jedes Problem zu lösen — jede Herausforderung zu meistern. Fühle es.

Du befindest dich in einem schmalen Gang – noch immer in der Höhle — hier ist es um einiges wärmer — fast heiß und sehr eng. Aber heute beschwerst du dich nicht, hast keine Angst, keine Sorgen. Du nimmst diese negativen Gefühle an und schiebst sie weg. Du schaffst alles. Alles ist gut.

Am Ende des Ganges siehst du helles Licht — es muss wohl der Ausgang sein. Du steckst deinen Kopf hindurch, in das gleißende Licht. Auf allen Vieren kriechst du nun zur Gänze heraus. Sand — du spürst Sand zwischen deinen Finger. Du stehst auf — streichst dir den Sand von deiner Kleidung und siehst dich um. Eine Arena.

So viele Menschen auf der Tribüne — alle schreien — jubeln. Das ist wohl das Finale — der finale Kampf gegen deine Angst. Die Angst zu versagen — zu verlieren — Schwäche zu zeigen — ausgelacht zu werden — bewertet zu werden. Doch wer ist dein Gegner?

Da betritt ein großer Löwe die Arena — stapft durch den Sand auf dich zu — die Menge tobt. Dein Gegner. Die Angst steigt in dir hoch — lähmt dich — deinen Körper — du hast einen Kloß im Hals — zitterst — dein Puls rast. Weg mit diesen Gedanken. Ich kann das. Ich habe keine Angst — Ich bin stark — Ich finde immer eine Lösung. Erst einmal probieren. Ich glaube an mich. Wenn ich an mich glaube, kann ich es schaffen. Ich schaffe es — mit diesen Gedanken beruhigt sich dein Körper, dein Herzschlag, deine Beine. Du gehst auf den Löwen zu. Ich kann das. Der Löwe wird größer und größer — er ist mindestens doppelt so groß wie du. Seine Mähne ist gewaltig — seine Zähne sind gewaltig.

Ich bin stark — Ich kann alles schaffen — Ich bin mutig — Ich bin so stark wie der Löwe — Ich bin stärker als der Löwe — ich glaube fest daran — Ich kann das — Ich kann ihn besiegen.

Da beginnst du zu wachsen — wirst größer und größer — bekommst Fell — eine gewaltige Mähne wie der Löwe — Reißzähne, wie es für einen Löwen gebührt. Du hast daran geglaubt und wurdest selbst zum Löwen. Dein Glaube, darüber, wer du bist, wie stark du bist, was du schaffen kannst, bestimmt deinen Sieg oder deine Niederlage. Du hast dich entschieden zu gewinnen — so stark und groß wie der Löwe zu sein — schau das bist du!

Da sieht der Löwe, wer nun vor ihm steht. Sein Ebenbild. Er selbst — groß — stark und anmutig — wie es sich für einen wahren König des Dschungels gehört. Er kann sich nicht selbst töten — sein Ebenbild — sein eigenes Fleisch und Blut. Stattdessen senkt er seinen Kopf vor dir — ergibt sich. Auch du legst deinen Löwenkopf in den Sand — ihr seht euch in die Augen. Du siehst Verständnis und Liebe in seinen Augen — du gehst auf ihn zu — stupst ihn mit deiner Nase an. Da beginnt die Illusion zu bröckeln — der Löwe zerfällt — wie eine alte, bröselige Steinmauer. Darunter bist du.

Du hast dir den Löwen nur eingebildet. Der einzige Gegner in deinem Leben bist du — dein einziger Konkurrent, der zählt — mit dem du dich vergleichen solltest — bist du. Du kämpfst immer nur gegen dich — nicht gegen andere. Du bist dein Endgegner.

Die ganze Zeit hast du nur gegen dich gekämpft — gegen deine Angst. Und du hast dich all deinen Ängsten gestellt — du hast dich dir gestellt. Du hast es geschafft. Du hast an dich geglaubt, du wurdest stark, weil du glaubtest, stark zu sein. Du wurdest groß, weil du glaubtest groß zu sein. Du hast geglaubt, alles zu schaffen — und das hast du. Dein Glaube kann Berge versetzen, dir Flügel verleihen, jede Angst besiegen, jeden Zweifel vertreiben und alle Sorgen beerdigen. Liebe. Liebe heilt alles. Liebe gibt dir Hoffnung, Motivation und Antrieb. Liebe ist immer die Lösung. Liebe für dich. Liebe für deine Ängste, die dich nur beschützen wollen. Liebe für deine Stärken und Schwächen. Gib, was du bekommen möchtest. Vertreibe durch Angst und Wut nicht die Liebe, nicht die tollen Menschen aus deinem Leben. Vertraue immer auf die Liebe.

Begib dich nun auf deine Heimreise — von der sandigen Arena in das Hier und Jetzt — Das Gefühl von Stärke, Liebe und Zuversicht wird dich nun auf deiner Heimreise begleiten — fühle dieses Gefühl der Erleichterung — fühle die angenehme Schwere deiner Glieder — die Entspannung und Wärme —kehre in Gedanken zurück in diese Welt — verabschiede dich. Beobachte deinen Atem — spüre ihn. — das Heben und Senken des Brustkorbes — ein und aus. Fühle deine Füße — deine Fußsohlen — deine Zehen — bewege sie — fühle deine Arme — balle leicht deine Fäuste — gibt etwas Kraft hinein — bewege deine Füße — atme ganz tief ein und aus — strecke deine Arme und Beine — räkle dich — öffne nun die Augen, atme nochmals tief durch — du bist vollkommen zurück in der wachen Welt.

Du weißt nun, wie Selbstzweifel entstehen und auch, wie sich Selbstvertrauen und Selbstbewusstsein entwickeln. Zahlreiche Übungen helfen dir auf diesem Weg. Ich hoffe, die Übungen für mehr Selbstvertrauen & Selbstbewusstsein haben dir geholfen, dich annehmen zu können, zu lieben, zu schätzen und Selbstzweifel über Bord zu werfen.

Noch mehr interessante Inhalte zu den Themen sich selbst besser kennenlernen und verstehen, stressfrei leben, Ängste überwinden, Selbstvertrauen gewinnen, Selbstliebe üben und glücklich leben findest du auf meiner Website www.sabrina-fleisch.at.

Ich wünsche dir viel Erfolg beim Umsetzen und zu mehr Selbstbewusstsein und Selbstvertrauen zu finden!

Alles Liebe, Sabrina

DANKESCHÖN!

Haftungsausschluss

"Die Verwendung der Information in diesem Buch und die Umsetzung derselben erfolgt ausdrücklich auf eigenes Risiko. Der Autor kann für etwaige Unfälle und Schäden jeder Art die sich bei den Beziehungen mit anderen Menschen ergeben, aus keinerlei Rechtsgrund die Haftung übernehmen. Haftungsansprüche gegen den Autor für Schäden jeglicher Art, die durch die Nutzung der Informationen in diesem Buch bzw. durch die Nutzung fehlerhafter und/oder unvollständiger Information verursacht wurden, sind ausgeschlossen. Folglich sind auch Rechts-und Schadenersatzansprüche ausgeschlossen. Der Inhalt dieses Werkes wurde mit größter Sorgfalt erstellt und überprüft. Der Autor übernimmt keine Gewähr und Haftung für die Aktualität, Korrektheit, Vollständigkeit und Qualität der bereitgestellten Informationen. Druckfehler können nicht vollständig ausgeschlossen werden. Weiterhin beruht der Inhalt dieses Werkes auf persönlichen Erfahrungen und Meinungen des Autors. Der Inhalt darf nicht mit medizinischer und psychologischer Hilfe verwechselt werden."

Impressum

1.Auflage

Kontakt: Sabrina Fleisch BA, Landstraße 79, 4020 Linz

Wie gut hat dir dieses Buch gefallen?

1 2 3 4 5 6 7 8 9 10

Wenn dir das Buch gefallen hat,

hinterlasse mir auf Amazon eine Bewertung.

Ich würde mich sehr freuen! ☺

Die Autorin

Sabrina Fleisch, BA

Angst- und Stressbewältigungstrainerin

Wissensvermittlung für Jugendliche & Erwachsene

Inhaberin der Lernwerkstatt Linz

www.lernwerkstatt.co.at

www.sabrina-fleisch.at

Weitere Bücher

„Meine Reise zu mir selbst“ (Arbeitsbuch)

Selbsterkenntnis & Reflektion: Antworten nach denen du gesucht hast. Dieses Buch wird dir ein vertieftes Verständnis über dich selbst, deine Gedanken(programmierungen), Gefühle, Fähigkeiten, Erfahrungen, dein Verhalten und deine Vorstellung von einem erfüllten Leben geben. Schritt für Schritt wirst du lernen, wie du mit Stress umgehst, wie du deine Energie bündelst, wie du Gewohnheiten änderst, wie du deine Wahrnehmung verbesserst und mehr Vertrauen in dich selbst entwickelst. Bereite dich auf eine spannende Reise vor, auf ein intensives Gespräch mit dir selbst und zahlreiche Erkenntnisse.

„Prüfungsangst überwinden – die Prüfung meistern“

20 Tipps, mit denen du selbstsicher die Prüfung meisterst! Du lernst, die Entstehung von Prüfungsangst zu verstehen, Prüfungsangst und Selbstzweifel zu überwinden, Selbstvertrauen und Gelassenheit zu gewinnen, Gedanken & Körper bewusst zu steuern und positiven Einfluss auf Prüfungssituationen zu nehmen. Vor allem für Kinder & Jugendliche ist dieses Buch gut geeignet, um einen neuen Umgang mit Prüfungsangst zu lernen, sich der Herausforderung zu stellen und ein neues selbstbewusstes Verhalten an den Tag zu legen.

„Fantasiereisen – heilende Kurzgeschichten"

Fantasiereisen können dabei helfen, sich den eignen Ängsten zu stellen, endlich den „Stopp"-Knopf für schlechte Gewohnheiten oder übermäßigen Stress zu drücken, Zukunftsvisionen und Lösungen zu entwickeln, den Umgang mit Verletzungen, Sorgen und Zweifel zu üben und das Selbstvertrauen und den Selbstwert zu stärken – und das spielerisch, leicht ohne zu sprechen. Von Kindern bis hin zu Erwachsenen – Fantasiereisen sind für Groß und Klein einsetzbar, hilfreich und wirksam.

„Abnehmen beginnt im Kopf"

Warum fällt es uns dann so schwer, abzunehmen? Essen ist so viel mehr als nur Nahrungsaufnahme. Essen bietet Trost, lenkt uns ab, schüttet Glückshormone in unserem Körper aus. Essen ist Ablenkung vor negativen Gedanken, Einsamkeit und Ängsten. Wir brauchen eine starke Motivation, müssen ein Ziel definieren, Maßnahmen setzen, uns mit möglichen Hindernissen auseinandersetzen. Wir müssen die dahinterliegenden Emotionen und Auslösern für den Griff in den Kühlschrank erkunden und verstehen, um die dahinterliegenden Bedürfnisse zu entdecken. Wir müssen alternative Belohnungen für uns finden, neue Quellen für Freude und Entspannung finden. Schlank sein ist Kopfsache. Die Erfolgsformel für ein entspanntes Abnehmen und ein gesundes, schlankes Leben.

Erhältlich unter www.sabrina-fleisch.at und Amazon.de.

Printed in Poland
by Amazon Fulfillment
Poland Sp. z o.o., Wrocław

78122931R00059